lonely planet

CHICAGO

EN QUELQUES JOURS

Karla Zimmerman

Dans ce guide

L'essentiel

Pour aller droit au but et découvrir la ville en un clin d'œil.

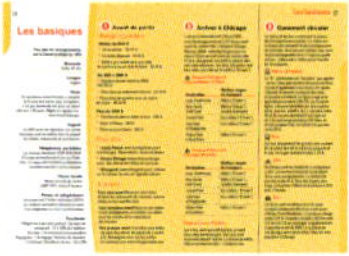

Les basiques
À savoir avant de partir

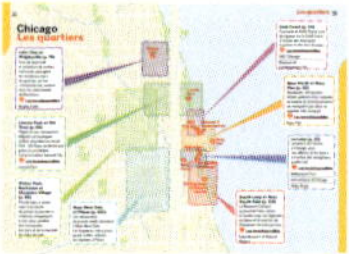

Les quartiers
Se repérer

Explorer Chicago

Sites et adresses quartier par quartier.

Les incontournables
Pour tirer le meilleur parti de votre visite

100% Chicago
Vivre comme un habitant

Chicago selon ses envies

Les meilleures choses à voir, à faire, à tester...

Les plus belles balades
Découvrir la ville à pied

Envie de...
Le meilleur de Chicago

Carnet pratique

Trucs et astuces pour réussir votre séjour.

Hébergement
Une sélection d'hôtels

Transports et infos pratiques

Notre sélection de lieux et d'adresses

Voir

Se restaurer

Prendre un verre

Sortir

Shopping

Légende des symboles

- Numéro de téléphone
- Horaires d'ouverture
- Parking
- Non-fumeurs
- Accès Internet
- Wi-Fi
- Végétarien
- Familles bienvenues
- Animaux acceptés
- Bus
- Ferry
- Métro
- Tram
- Train

Retrouvez facilement chaque adresse sur les plans de quartiers

Sidetrack

7 Plan p. 82, C4

L'imposant Sidetrack ass
musique dance à la foule
friendly. Préparez-vous à
meilleur de vous-même a
"show-tune nights" du di
du lundi. Si l'ambiance es
vous à l'intérieur, l'i
ous attend. (www.
N Halsted St ; 15
h sam et dim ; M
lette, arrêt Belmo

Chicago En quelques jours

Les guides *En quelques jours* édités par Lonely Planet sont conçus pour vous amener au cœur d'une ville.

Vous y trouverez tous les sites à ne pas manquer, ainsi que des conseils pour profiter de chacune de vos visites. Nous avons divisé la ville en quartiers, accompagnés de plans clairs pour un repérage facile.
Nos auteurs expérimentés ont déniché les meilleures adresses dans chaque ville : restaurants, boutiques, bars et clubs... Et pour aller plus loin, découvrez les endroits les plus insolites et authentiques de la métropole américaine dans les pages "100% Chicago".

Ce guide contient également tous les conseils pratiques pour éviter les casse-tête : itinéraires pour visites courtes, moyens de transport, montant des pourboires, etc.

Grâce à toutes ces infos, soyez sûr de passer un séjour mémorable.

Notre engagement

Les auteurs Lonely Planet visitent en personne, pour chaque édition, les lieux dont ils s'appliquent à faire un compte-rendu précis. Ils ne bénéficient en aucun cas de rétribution ou de réduction de prix en échange de leurs commentaires.

L'essentiel

Bienvenue à Chicago

Des gratte-ciel vertigineux, des plages de sable doré, des musées prestigieux... mais aussi des spectacles d'improvisation débridés, des concerts de rock et de généreuses pizzas : cette ville a tout pour plaire. Si le centre est une merveille d'architecture gris acier, les quartiers ornés de fresques murales – avec leurs restaurants, leurs théâtres et leurs bars conviviaux – ont encore plus de charme.

Le bluesman Eddie Shaw jouant au Kingston Mines (p. 77)
DANIEL LADENHAUF/500PX ©

Chicago
Les incontournables

Art Institute of Chicago (p. 28)

Des chefs-d'œuvre du monde entier - notamment une riche collection de tableaux impressionnistes et postimpressionnistes - ont pour écrin ces vastes salles de marbre. Les légendaires *American Gothic* de Grant Wood, et *Nighthawks* d'Edward Hopper, sont également exposés ici.

Millennium Park (p. 24)

Ce haut lieu de l'art public abrite des œuvres fantasques. Les nuages se mirent dans les courbes argentées de "the Bean" ("le haricot") et d'étranges gargouilles humaines se dessinent sur la *Crown Fountain* (photo) de Jaume Plensa.

Willis Tower (p. 30)

L'observatoire, installé au 103e étage du plus haut gratte-ciel de Chicago, semble flotter dans les nuages. Les vertigineuses corniches au sol de verre qui surplombent le vide procurent le grand frisson.

Wrigley Field

(p. 80)

Le temps s'est arrêté dans ce stade de base-ball de 1914 : les scores sont encore affichés à la main, l'enseigne au néon de l'entrée est d'époque, et dans le feu de l'action on jure comme au bon vieux temps… chaque match est un hommage à la tradition.

Field Museum of Natural History

(p. 112)

L'immense collection du musée d'histoire naturelle expose le plus grand Tyrannosaurus rex et le plus grand lion mangeur d'hommes (taxidermisé) du monde, mais aussi des momies, des pierres précieuses et des totems.

360° Chicago

(p. 56)

L'observatoire, aménagé au 94e étage, offre une vue panoramique exceptionnelle, au bord du lac Michigan. Et la baie vitrée qui s'incline dans le vide donne encore plus de sensations fortes.

Lincoln Park

(p. 68)

Le plus grand parc de la ville est le lieu de détente favori des habitants, qui aiment faire leur jogging dans les allées verdoyantes, se baigner dans le lac, visiter le zoo ou faire simplement la sieste à l'ombre des arbres.

Navy Pier

(p. 44)

S'avançant dans les eaux bleues du lac Michigan, Navy Pier est le site le plus visité de Chicago. La brise fraîche, la vue époustouflante et les spectacles pyrotechniques font tout son charme.

Museum of Contemporary Art

(p. 58)

Les expositions changent, mais les œuvres restent anticonformistes et à la pointe de l'avant-garde. Le musée fait la part belle au minimalisme, au surréalisme et à la photographie conceptuelle.

Les basiques

Pour plus de renseignements, voir le *Carnet pratique* (p. 145)

Monnaie
Dollar US ($)

Langue
Anglais

Visas
De nombreux ressortissants, y compris de France et d'autres pays européens, n'ont pas besoin de visa pour un séjour inférieur à 90 jours. Règles en vigueur sur : www.travel.state.gov.

Argent
Les DAB sont très répandus. Les cartes bancaires sont acceptées dans la plupart des hôtels, restaurants et commerces.

Téléphones portables
Les réseaux standards GSM 900/1800 d'Europe ne fonctionnent pas aux États-Unis. Le mieux est d'acheter un téléphone local bon marché à carte prépayée.

Heure locale
Heure normale du Centre (GMT/UTC moins 6 heures).

Prises et adaptateurs
Les prises ont 2 fiches verticales (120 V). Les visiteurs européens doivent se munir d'un adaptateur ou d'un transformateur.

Pourboire
Obligatoire à peu près partout. Serveurs de restaurant : 15 à 20% de l'addition. Barmen : 1 $ minimum/consommation. Bagagistes : 2 $/bagage. Femmes de chambre : 2 à 5 $/nuit. Chauffeurs de taxi : 10 à 15%.

1 Avant de partir

Budget quotidien

Moins de 100 $

- Lit en dortoir : 35-40 $
- Formules déjeuner : 10-15 $
- Billet à prix réduit dans une salle de spectacle ou un club de blues : 10-25 $

De 100 à 300 $

- Chambre double (hôtel ou B&B) : 150-250 $
- Dîner dans un restaurant informel : 20-30 $
- Place dans les gradins pour un match des Cubs : 40-60 $

Plus de 300 $

- Chambre double en hôtel de luxe : 400 $
- Dîner à l'Alinea : 265 $
- Place au Lyric Opera : 200 $

Sites Web

- **Lonely Planet** (www.lonelyplanet.com/usa/chicago). Réservations, forum et photos.
- **Choose Chicago** (www.choosechicago.com). Site officiel de l'office du tourisme.
- **Chicagoist** (www.chicagoist.com). Articles sur la cuisine, les arts et l'agenda culturel.

À prévoir

Trois mois avant Réservez votre hôtel et dans les restaurants du moment, comme Alinea ou Girl and the Goat.

Deux semaines avant Réservez des tables moins prestigieuses, et achetez vos billets pour les matchs et les expositions des musées.

Une semaine avant Consultez www.hottix.org pour des places de spectacle à moitié prix. Renseignez-vous sur les sorties (et réservez) sur www.chicagoreader.com.

2 Arriver à Chicago

L'aéroport international O'Hare (ORD ; www.flychicago.com) est à 27 km au nord-ouest du centre-ville. L'aéroport Chicago Midway (MDW ; www.flychicago.com) se situe à 18 km au sud-ouest du centre-ville. O'Hare, plus grand, accueille la plupart des vols internationaux. Les deux aéroports sont bien reliés à la ville par le métro ("El train").

Depuis l'aéroport international O'Hare

Destination	Meilleur moyen de transport
Loop, South Loop	Métro ("El train")
Near North, Gold Coast	Métro ("El train"), navette d'aéroport
Lincoln Park	taxi, métro ("El train")
Lake View et Wrigleyville	taxi, métro ("El train")
Wicker Park et Bucktown	Métro ("El train")

Depuis l'aéroport Chicago Midway

Destination	Meilleur moyen de transport
Loop, South Loop	Métro ("El train")
Near North, Gold Coast	Métro ("El train"), navette d'aéroport
Lincoln Park	taxi, métro ("El train")
Lake View et Wrigleyville	taxi, métro ("El train")
Wicker Park et Bucktown	Métro ("El train")

Depuis Union Station

Les trains, ainsi que certains bus, arrivent dans cette immense gare. Des taxis sont stationnés devant l'entrée. La station de métro Clinton se situe non loin – à éviter le soir.

3 Comment circuler

Le métro et les bus composent le réseau des transports en commun. Le métro est le moyen de transport le plus pratique pour les touristes. Vous pouvez acheter une carte Ventra rechargeable dans n'importe quelle station ; cette carte s'utilise pour franchir les tourniquets.

Métro (El train)

Le "El" (abréviation de "elevated", qui signifie "aérien", bien que nombre de rames de train circulent également sous terre) est rapide, fréquent et dessert la plupart des sites et quartiers d'intérêt. La ligne rouge et la ligne bleue circulent 24h/24. Les 6 autres lignes, chacune identifiée par une couleur (rose, marron, violette, etc.), circulent entre 4h et 1h. Le prix standard d'un trajet est de 3 $ (sauf en provenance d'O'Hare, où il faut compter 5 $). Le forfait à la journée coûte 10 $.

Bus

Les bus empruntent les grands axes routiers. Ils circulent dès tôt le matin et jusque tard le soir. Un trajet standard coûte 2,25 $.

Vélo

Nombreux sont les habitants à se déplacer à vélo. Les bornes d'emprunt et de dépôt Divvy sont omniprésentes. Le forfait à la journée coûte 10 $. Pour des trajets plus longs, la location s'élève au minimum à 18 $ pour 2 heures.

Taxi

Les taxis sont nombreux dans le Loop, au nord à Andersonville et au nord-ouest à Wicker Park/Bucktown. La prise en charge coûte 3,25 $. Comptez ensuite 1,80 $ le mile (1,6 km) et 1 $ par passager supplémentaire. Le pourboire est de 15%. Le système de covoiturage entre particuliers Uber est très populaire à Chicago.

Chicago
Les quartiers

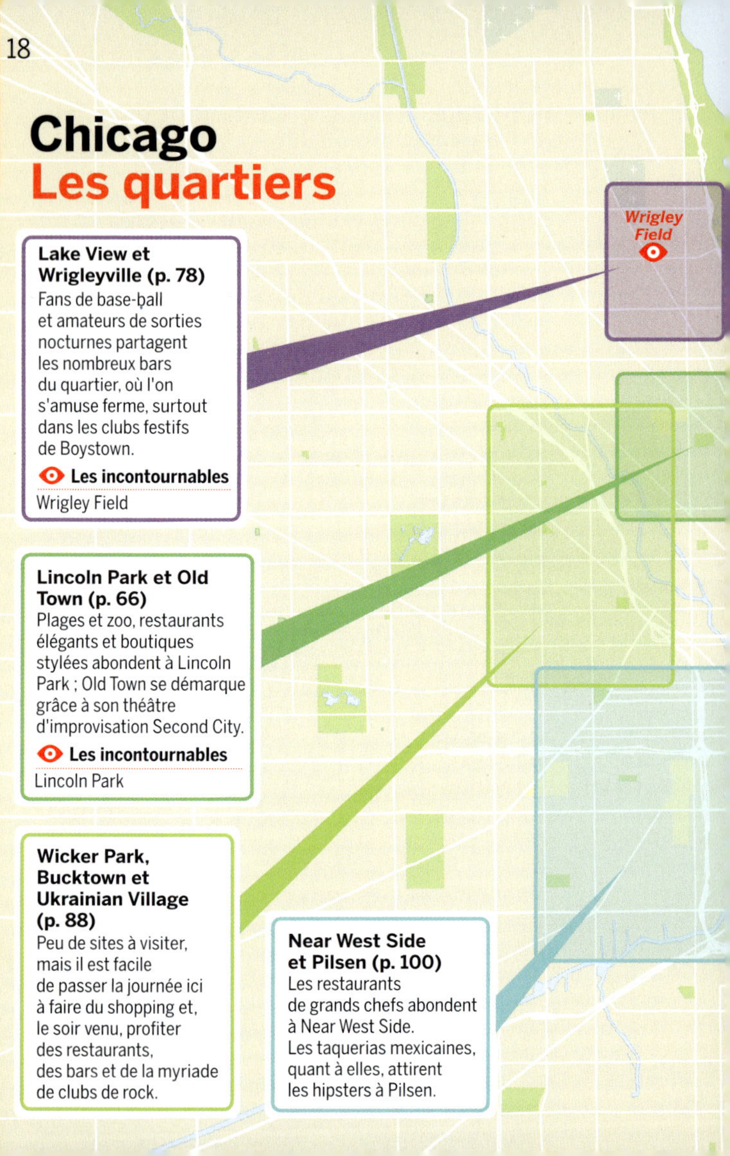

Lake View et Wrigleyville (p. 78)
Fans de base-ball et amateurs de sorties nocturnes partagent les nombreux bars du quartier, où l'on s'amuse ferme, surtout dans les clubs festifs de Boystown.

Les incontournables
Wrigley Field

Lincoln Park et Old Town (p. 66)
Plages et zoo, restaurants élégants et boutiques stylées abondent à Lincoln Park ; Old Town se démarque grâce à son théâtre d'improvisation Second City.

Les incontournables
Lincoln Park

Wicker Park, Bucktown et Ukrainian Village (p. 88)
Peu de sites à visiter, mais il est facile de passer la journée ici à faire du shopping et, le soir venu, profiter des restaurants, des bars et de la myriade de clubs de rock.

Near West Side et Pilsen (p. 100)
Les restaurants de grands chefs abondent à Near West Side. Les taquerias mexicaines, quant à elles, attirent les hipsters à Pilsen.

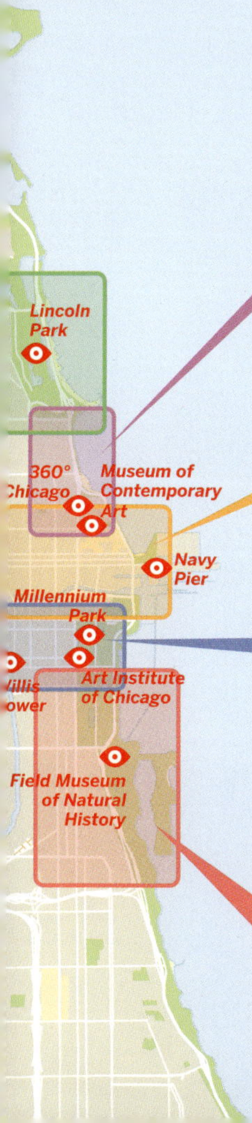

Gold Coast (p. 54)
Fourrures et Rolls Royce sont de rigueur sur la Gold Coast, à l'instar des boutiques huppées et des bars lounges.

Les incontournables

360° Chicago

Museum of Contemporary Art

Near North et Navy Pier (p. 42)
Boutiques, restaurants, hôtels, galeries d'art, balades en bateau et divertissements ne manquent pas dans ce quartier très compact.

Les incontournables

Navy Pier

Le Loop (p. 22)
Le centre de l'action à Chicago, pour les affaires et les loisirs, à l'ombre des vertigineux gratte-ciel.

Les incontournables

Millennium Park

Art Institute of Chicago

Willis Tower

South Loop et Near South Side (p. 110)
Le Museum Campus, au bord de l'eau, anime le South Loop. Les légendes du blues et le quartier de Chinatown ne sont pas loin.

Les incontournables

Field Museum of Natural History

Explorer Chicago

Vaut le détour

La Chicago River traverse le centre-ville
PGIAM/GETTY IMAGES ©

Explorer

Le Loop

Le Loop est le cœur battant de Chicago, son centre financier et historique. Sur ses trottoirs se précipite chaque jour un flot tumultueux de costumes-cravates, pendant que les rames d'El train rugissent au-dessus des têtes. Le Loop se prête également aux activités de loisirs : les emblématiques Art Institute, Willis Tower et Millennium Park, et le quartier des théâtres, y côtoient les gratte-ciel.

L'essentiel en un jour

Il y a tant à visiter dans le Loop ! Commencez tôt par l'**Art Institute** (p. 28), puis promenez-vous aux alentours et découvrez l'art et l'architecture du quartier. Le **Chicago Cultural Center** (p. 34) et le **Daley Plaza** (p. 40) sont un régal pour les yeux.

Avalez un rapide déjeuner à l'**Oasis** (p. 38) ou au **Shake Shack** (p. 38). Les plus sportifs loueront des vélos à **Bike Chicago** (p. 34) ou des kayaks à **Urban Kayaks** (p. 35) et partiront à l'aventure. Profitez de la fin de l'après-midi, quand l'activité est moins dense, pour grimper au sommet de la **Willis Tower** (p. 30) et à ses époustouflants balcons de verre. Après cette expérience, un verre sera plus que bienvenu et le **Berghoff** (p. 39) vous accueillera au coin de la rue.

Arrêtez-vous au **Pastoral** (p. 38) pour préparer votre pique-nique puis installez-vous au **Millennium Park** (p. 24) pour profiter d'un concert gratuit au crépuscule. Le **Grant Park Orchestra** (p. 40) s'y produit trois fois par semaine. Le **Lyric Opera** (p. 40) et le **Goodman Theatre** (p. 40) sont aussi des valeurs sûres. Pour dîner, rejoignez le **Gage** (p. 36) ou le **Seven Lions** (p. 36), deux bons gastropubs.

Les incontournables

Millennium Park (p. 24)

Art Institute of Chicago (p. 28)

Willis Tower (p. 30)

Le meilleur du quartier

Architecture

Rookery (p. 34)

Chicago Cultural Center (p. 34)

Willis Tower (p. 30)

Se restaurer

Pizano's (p. 36)

Native Foods Cafe (p. 38)

Musées et galeries

Money Museum (p. 35)

Art Institute of Chicago (p. 28)

Sports et activités

Bike Chicago (p. 34)

Urban Kayaks (p. 35)

Pour les enfants

Parc Maggie Daley (p. 34)

Shake Shack (p. 38)

Comment s'y rendre

M **El** Toutes les lignes passent par le Loop et se croisent à Clark/ Lake, la station idéale pour les correspondances. La station Randolph est la plus proche des parcs ; la station Quincy dessert la Willis Tower.

Les incontournables
Millennium Park

Le joyau de Chicago brille par sa fantaisie. Par où commencer, entre le très design Pritzker Pavilion, grand scarabée métallique de Frank Gehry, la Crown Fountain de Jaume Plensa, avec ses gargouilles humaines, ou la sculpture argentée d'Anish Kapoor, le Cloud Gate ? Peut-être préférerez-vous un endroit plus tranquille comme le Lurie Garden, parsemé de fleurs sauvages ? Les concerts estivaux et la patinoire hivernale animent joyeusement les lieux.

Carte p. 32, F2

312-742-1168

www.millenniumpark.org

201 E Randolph St

Entrée gratuite

6h-23h

M Lignes marron, orange, verte, violette ou orange, arrêt Randolph

Le Pritzker Pavilion de Frank Gehry au Millennium Park

À ne pas manquer

The Bean – Haricot magique

La principale curiosité du parc est le **Cloud Gate** – appelé “the Bean” (“le haricot”) – sculpture en forme de goutte argentée de 110 tonnes réalisée par Anish Kapoor. Il réfléchit le ciel et la ligne des gratte-ciel tout autour, et l’on se bouscule pour prendre une photo ou caresser sa surface polie. Les meilleurs points de vue se situent à ses extrémités nord et sud. Pour une vue d’ensemble, grimpez les marches sur Washington Street, côté nord du Park Grill, où sont installés des bancs à l’ombre.

Crown Fountain

La Crown Fountain de Jaume Plensa attire une foule de gens qui viennent s’y rafraîchir en s’éclaboussant. Les enfants adorent ! Ses deux blocs rectangulaires en brique de verre de 15 m de haut diffusent des vidéos de visages – ceux d’un millier d’habitants de Chicago qui ont accepté de se faire filmer en prenant soin de rester immobiles. De la bouche de chaque visage jaillit un jet d’eau. L’hiver, la fontaine ne coule pas et on y projette un jeu de visages différent.

Pavillon Pritzker à la nuit tombée

Le Pritzker Pavilion, kiosque à musique ouvert sur la pelouse du Millennium Park, possède une très bonne acoustique. Avec sa silhouette en forme de vagues argentées, le pavillon accueille des concerts gratuits à 18h30 la plupart des soirs de juin à août. Le lundi on y joue du rock indépendant et de la musique contemporaine, le jeudi de la world et du jazz, les mercredi, vendredi et samedi de la musique classique. Le mardi, un film est fréquemment projeté sur un immense écran. On peut s’asseoir près du pavillon ou s’installer sur la pelouse à l’arrière. Arrivez tôt pour avoir un siège proche de la scène.

☑ À savoir

- Des activités gratuites pour les enfants sont proposées sous une tente (Family Fun Tent) à l’angle nord-ouest du parc, chaque jour entre 10h et 14h l’été : art, artisanat et jeux.
- Des commodités, des toilettes et un magasin de cadeaux sont à disposition à la McCormick Tribune Plaza (près du café-terrasse/patinoire) sur Michigan Ave.
- Des bénévoles organisent des visites gratuites du parc à 11h30 et 13h tous les jours de fin mai à mi-octobre. Le départ se fait depuis le centre d’accueil du centre culturel de Chicago, de l’autre côté de l’avenue Michigan, au 77 E Randolph St.

Une petite faim ?

Pour reprendre des forces, un burger et un milkshake à Shake Shack (p. 38) ou encore une baguette et un café au lait chez Toni Patisserie & Cafe (p. 39).

Pique-niques

Pour toutes les représentations – et surtout pour les concerts classiques joués par le remarquable Grant Park Orchestra –, chacun apporte sa couverture, son pique-nique, du vin et de la bière. Rien de tel que de s'asseoir sur la pelouse et d'observer les gratte-ciel qui forment une spectaculaire toile de fond tout en écoutant de la musique.

Pavillon Pritzker en journée

Le pavillon accueille aussi des activités pendant la journée. Des répétitions ont lieu du mardi au vendredi, en général entre 11h et 13h. Elles offrent un avant-goût du concert de la soirée si vous ne pouvez pas y assister. Chaque samedi, la pelouse se transforme en un centre de remise en forme et l'on peut y suivre des cours gratuits, au son de la musique : tai-chi à 7h, yoga à 8h, Pilates à 9h et danse à 10h.

Jardin secret

Si la foule est trop dense au Bean, à la Crown Fountain ou au Pritzker Pavilion, réfugiez-vous au Lurie Garden dont les plantes indigènes rendent hommage à la Grande Prairie américaine. Les visiteurs ratent souvent cet endroit car il est dissimulé derrière une haute haie. Échinacées jaunes, jonquilles, jacinthes des poètes et autres jolies fleurs, tout est cultivé sans produits chimiques. Une petite rivière traverse cette oasis de 2 ha et les gens se déchaussent pour y tremper leurs pieds.

BP Bridge et Nichols Bridgeway

En plus du Pritzker Pavilion, Frank Gehry a aussi conçu le BP Bridge, qui enjambe Colombus Drive. L'étincelante passerelle relie le Millennium Park (depuis l'arrière de la pelouse) au Maggie Daley Park – on y pratique de nombreuses activités, dont le patinage et l'escalade. Le pont offre une vue imprenable sur la ville. La passerelle Nichols Bridgeway fait également le bonheur des piétons. Cette belle réalisation métallique de Renzo Piano survole la Monroe Street depuis le parc jusqu'au 3e étage de l'Art Institute, où l'on peut visiter gratuitement un jardin de sculptures contemporaines. C'est d'ailleurs Piano qui a conçu la *Modern Wing* du musée où est situé ce jardin.

Vélo et patinage

Le McDonald's Cycle Center, au coin nord-est du parc, près de l'intersection de Randolph Street et Colombus Drive, est le principal parc de stationnement de vélos pour les habitants de la banlieue, avec plus de 300 places pour les vélos (et des douches). Il existe également un service de location de vélos (Bike Chicago) : VTT, hybrides, tandems et vélos pour enfants. Niché entre le Bean et Michigan Avenue et ses lumières scintillantes, la McCormick Tribune Rink se peuple de patineurs en hiver. Cette patinoire est ouverte à partir de fin novembre jusqu'à fin février. L'entrée est gratuite et la location de patins coûte 12 $. En été, la patinoire se transforme en café de plein air : le Park Grill.

Patineurs au Millennium Park

Wrigley Square et Boeing Galleries

Le Wrigley Square se trouve à l'angle de Michigan Ave et de Randolph St. S'y dresse le Millennium Monument, édifice de style grec, réplique d'un péristyle original présent entre 1917 et 1953. La ligne semi-circulaire de ses colonnes doriques s'élève à plus de 12 m. Il contraste avec les autres monuments modernes du parc, mais son rôle est de relier le présent et le passé. La place s'ouvre sur une pelouse où il fait bon se prélasser. Les Boeing Galleries, lieux d'expositions temporaires de sculptures contemporaines et de photographies murales, sont constituées de promenades qui bordent le parc au nord et au sud.

Les incontournables
Willis Tower

Pour les amateurs de records, la plus haute tour de Chicago, la Willis Tower, s'élève à 442 m. Construite en 1973 sous le nom de Sears Tower, elle est restée pendant presque 25 ans la plus haute tour du monde. Bien qu'aujourd'hui détrônée par d'autres, elle offre néanmoins une vue fabuleuse depuis son point d'observation (le Skydeck) au 103e étage. Une fois sur le balcon de verre au milieu des airs, les pieds au-dessus du vide, vous risquez de sentir vos jambes trembler. Le panorama s'étend sur quatre États américains.

Plan p. 32, A4

312-875-9696

233 S Wacker Dr

Adulte/enfant 19,50 $/12,50 $

9h-22h avr-sept, 10h-20h oct-mars

M Lignes marron, orange, violette ou rose, arrêt Quincy

Visiteurs sur le Skydeck de la tour Willis

À ne pas manquer

Faits et États

Avant de monter au sommet, on peut lire les informations-clés de la tour sur des panneaux muraux et visionner une vidéo explicative. Vous saurez tout sur les 69 000 km de câbles téléphoniques, les 2 232 marches à gravir jusqu'au toit. La hauteur de la Willis Tower est équivalente à 313 Oprah Winter (ou 262 Michael Jordan) ! Ensuite, en 70 secondes, l'ascenseur vous mènera au sommet. De là, toute la ville s'étendra à vos pieds et vous aurez une idée précise de l'aménagement urbain de Chicago. Lorsque le ciel est très clair, on peut voir jusqu'à 80 km et apercevoir les États de l'Indiana, du Michigan et du Wisconsin. Par temps couvert, vous risquez de ne pas voir grand-chose.

Les balcons

Les quatre balcons, cages de verre suspendues le long de la tour, se trouvent sur le côté ouest du Skydeck. S'il n'y a pas trop de monde, vous pourrez trouver un cadrage insolite et prendre une photo inoubliable. Si le sol du balcon semble se craqueler – c'est arrivé en 2014 – pas d'inquiétude, ce n'est pas le verre, mais la surface de protection des 4 cm d'épaisseur de verre sécurisé qui se fendille. Soyez tranquille, il peut supporter 5 tonnes !

Architecture

La structure tubulaire de la tour, avec ses neuf blocs groupés, a été dessinée par Fazlur Khan après qu'il eut observé des cigarettes sortant de leur paquet. En 1996, le bâtiment a cédé son titre de “plus haut immeuble du monde” au profit des tours jumelles Petronas en Malaisie et, en 2013, celui de “plus haut immeuble des États-Unis” au One World Trade Center de New York.

☑ À savoir

- Aux heures de pointe l'été (11h-16h, ven-dim), la file d'attente peut prendre plus d'une heure.
- On peut acheter des billets en ligne ; supplément de 2 $/billet.
- L'entrée se fait sur Jackson Blvd où l'on passe les contrôles de sécurité. Ensuite, il faut se rendre au niveau inférieur pour acheter les billets.
- Demandez au personnel de se renseigner auprès du Skydeck pour connaître les conditions de visibilité.

Une petite faim ?

Un solide sandwich ou une pâtisserie locale préparés par des étudiants en art culinaire au **Washburne Cafe** (plan p. 32, B4 ; www.washburneculinary.com ; 226 W Jackson Blvd ; plats 4-6 $; 7h30-15h30 lun-ven ; M Lignes marron, orange, violette ou rose, arrêt Quincy). Autres choix : des plats végétaliens du monde entier et des vins bio au Native Foods Cafe (p. 38).

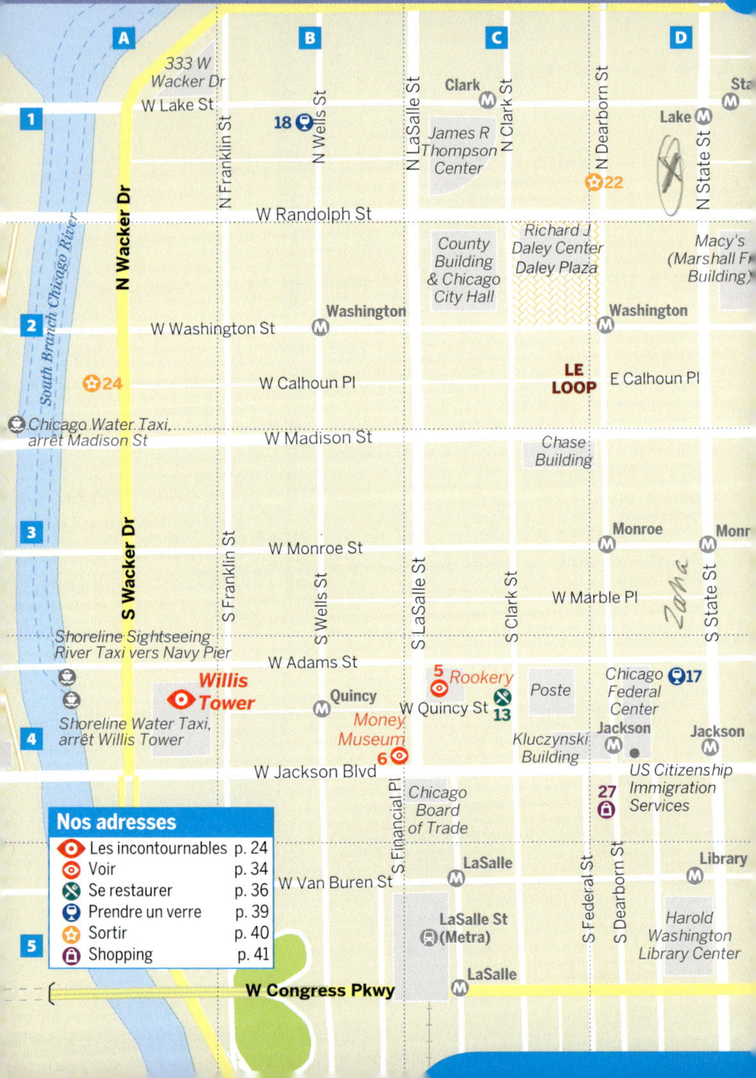
A
B
C
D
1
2
3
4
5
333 W Wacker Dr
W Lake St
18
N Franklin St
N Wells St
N LaSalle St
Clark
N Clark St
James R Thompson Center
N Dearborn St
22
Lake
Sta
N State St
N Wacker Dr
South Branch Chicago River
W Randolph St
County Building & Chicago City Hall
Richard J Daley Center
Daley Plaza
Macy's (Marshall Fi Building)
Washington
W Washington St
Washington
24
W Calhoun Pl
LE LOOP
E Calhoun Pl
Chicago Water Taxi, arrêt Madison St
W Madison St
Chase Building
S Wacker Dr
S Franklin St
W Monroe St
Monroe
Monr
S Wells St
S LaSalle St
S Clark St
W Marble Pl
S State St
Shoreline Sightseeing River Taxi vers Navy Pier
W Adams St
Willis Tower
5 Rookery
Poste
Chicago Federal Center
17
Quincy
W Quincy St
13
Shoreline Water Taxi, arrêt Willis Tower
Money Museum
6
Kluczynski Building
Jackson
Jackson
W Jackson Blvd
US Citizenship Immigration Services
27
Chicago Board of Trade
S Financial Pl
Nos adresses
Les incontournables p. 24
Voir p. 34
Se restaurer p. 36
Prendre un verre p. 39
Sortir p. 40
Shopping p. 41
LaSalle
Library
W Van Buren St
S Federal St
S Dearborn St
LaSalle St (Metra)
Harold Washington Library Center
LaSalle
W Congress Pkwy

E
F
G
H
8
Lake Shore East Park
1
2
3
4
5
200 m
0,1 mile
N Wabash Ave
14
N Michigan Ave
E Lake St
N Stetson Ave
Chicago Cultural Center
1
andolph
E Randolph St
McDonald's Cycle Center
E Randolph St
Millennium
Chicago Cultural Center Visitor Center
Boeing Gallery North
Wrigley Square
25
Jay Pritzker Pavilion
21
4
Bike Chicago
Courts de tennis
Daley Bicentennial Plaza
Courts de tennis
E Washington St
19
McCormick Tribune Ice Rink (patinoire)
15
AT&T Plaza
Cloud Gate
Great Lawn
BP Bridge
3
Maggie Daley Park
Maggie Daley Park
N Lake Shore Dr
adison
E Madison St
Millennium Park
N Columbus Dr
Courts de tennis
Courts de tennis
11
16
9
Boeing Gallery South
Crown Fountain
Lurie Garden
Nichols Bridgeway
E Monroe St
E Monroe St
20
12
E Adams St
Adams
7
Panneau de la Route 66
23
26
Art Institute of Chicago
Art Institute of Chicago
Butler Field
Petrillo Music Shell
Lakefront Trail (promenade au bord du lac)
Lac Michigan
E Jackson Blvd
S Wabash Ave
Grant Park
Van Buren St (Metra)
S Columbus Dr
Grant Park
S Lake Shore Dr
E Van Buren St
S Michigan Ave
10
E Congress Pkwy
2
Buckingham Fountain

Voir

Chicago Cultural Center ÉDIFICE

1 Plan p. 32, E2

Ce bâtiment accueille d'excellentes expositions artistiques, des films étrangers ainsi que des concerts de jazz, classique et d'électro du lundi au vendredi à 12h15. On y trouve le plus grand dôme de vitrail de style Tiffany au monde et aussi le principal centre d'accueil des visiteurs de Chicago. Des visites gratuites ont lieu les mercredi, vendredi et samedi. Rendez-vous à 13h15 dans le hall sur Randolph St. (312-744-6630 ; www.chicagoculturalcenter.org ; 78 E Washington St ; entrée gratuite ; 9h-19h lun-jeu, 9h-18h ven et sam, 10h-18h dim ; ; M Lignes marron, orange, verte, violette ou rose, arrêt Randolph)

Buckingham Fountain FONTAINE

2 Plan p. 32, G5

La pièce maîtresse de Grant Park est l'une des plus grandes fontaines interactives du monde, avec une capacité de 5,7 millions de litres et des jets s'élevant à la hauteur d'un immeuble de 15 étages. Elle fonctionne de 9h à 23h, de mi-avril à mi-octobre avec, la nuit, des jeux de lumières multicolores et de la musique. (301 S Columbus Dr ; M Ligne rouge, arrêt Harrison)

Parc Maggie Daley PARC

3 Plan p. 32, G2

Ce parc gratuit est le favori des familles en raison de ses terrains de jeux, sa forêt enchantée et ses attractions à la gloire des pirates. On y trouve un mur d'escalade et un mini-golf de 18 trous (qui se transforme en patinoire l'hiver) ; ces dernières activités sont payantes. Nombreuses tables de pique-nique. Le parc est relié au Millennium Park par la passerelle BP. (www.maggiedaleypark.com ; 337 E Randolph St ; entrée gratuite ; 6h-23h ; ; M Lignes marron, orange, verte, violette ou rose, arrêt Randolph)

Bike Chicago VÉLO

4 Plan p. 32, G2

Louez un vélo et partez à l'aventure ou bien suivez le guide. Ne manquez pas les parcs et les curiosités le long du lac, les sites phares du centre-ville et les feux d'artifice le soir (vivement recommandés) tout en grignotant une pizza ou un hot dog. Le prix comprend un antivol, un casque et une carte. La boutique principale se situe au Millennium Park ; une annexe se trouve sur la Riverwalk. (312-729-1000 ; www.bikechicago.com ; 239 E Randolph St ; 1/4 heures à partir de 9/30 $; 6h30-22h lun-ven, 8h-22h sam et dim juin-août, horaires réduits le reste de l'année ; M Lignes marron, orange, verte, violette ou rose, arrêt Randolph)

Rookery ARCHITECTURE

5 Plan p. 32, C4

Le cabinet d'architectes Burnham et Root a construit l'édifice en 1888 et Frank Lloyd Wright en a réaménagé l'atrium 19 ans plus tard. Sa renommée vient du contraste entre l'aspect massif de sa façade et l'atmosphère aérienne à l'intérieur. Vous pouvez jeter un coup

Escaliers du Rookery

d'œil gratuitement dans le hall d'entrée – comptez de 7 à 12 $ pour une visite à 12h en semaine. (www.flwright.org ; 209 S LaSalle St ; 9h30-17h30 lun-ven ; M Lignes marron, orange, violette ou rose, arrêt Quincy)

Money Museum

MUSÉE

6 Plan p. 32, B4

Petite visite amusante de la Réserve Fédérale de Chicago. Vous y découvrirez un cube de verre géant rempli d'un million de billets de 1 $ (environ 900 kg !). On y apprend comment distinguer les vrais billets des faux et pourquoi on appelle le billet de 1 000 $ un "grand". N'oubliez pas la photo souvenir avec la mallette contenant un million de dollars. (312-322-2400 ; www.chicagofed.org ; 230 S LaSalle St ; entrée gratuite ; 8h30-17h lun-ven ; M Lignes marron, orange, violette ou rose, arrêt Quincy)

Panneau de la Route 66

SITE HISTORIQUE

7 Plan p. 32, E4

Avis aux amateurs : la Route 66 commence ici. Le panneau indiquant le début de cette route mythique est à l'entrée d'Adams St, en direction de l'ouest. (E Adams St, entre S Michigan Ave et Wabash Ave ; M Lignes marron, orange, verte, violette ou rose, arrêt Adams)

Urban Kayaks

KAYAK

8 Plan p. 46, H1

Cet établissement situé le long de la rivière loue des kayaks pour se balader sur la Chicago River. Il propose également des visites guidées, entre gratte-ciel et sites historiques et, parfois, une escapade nocturne pour admirer les feux d'artifice. Les débutants sont acceptés, un petit cours d'initiation est néanmoins recommandé (45 $) avant de pagayer soi-même. (☎312-965-0035 ; www.urbankayaks.com ; 435 E Riverwalk South ; solo/duo 30/50 $ par heure, visites 65-80 $; ⏲10h-18h lun-ven, 9h-18h sam et dim ; Ⓜ Lignes marron, orange, verte, violette ou rose, arrêt State/Lake)

Se restaurer

Gage

AMÉRICAIN MODERNE **$$$**

9 Plan p. 32, E3

Ce gastropub propose des plats originaux, comme les burgers au gibier garnis de Gouda, les moules à la Vindaloo et les *fish and chips* à la Guiness. Une belle sélection de whiskies et de bières accompagnent le repas. (☎312-372-4243 ; www.thegagechicago.com ; 24 S Michigan Ave ; plats 17-36 $; ⏲11h-22h lun, 11h-23h mar-jeu, 11h-minuit ven et sam, 10h-22h dim ; Ⓜ Lignes marron, orange, verte, violette ou rose, arrêt Madison)

Cafecito

CUBAIN **$**

10 Plan p. 32, E5

Accolé à l'auberge de jeunesse HI-Chicago, Cafecito est parfait pour les voyageurs affamés à budget restreint. On y sert des sandwichs cubains au porc mariné à l'ail et aux agrumes délicieux. Petits déjeuners copieux, avec sandwichs aux œufs et café serré. (☎312-922-2233 ; www.cafecitochicago.com ; 26 E Congress Pkwy ; Plats 6-10 $; ⏲7h-21h lun-ven, 10h-18h sam et dim ; 📶 ; Ⓜ Lignes marron, orange, violette ou rose, arrêt Library)

Pizano's

PIZZA **$**

11 Plan p. 32, E3

Bonne adresse pour découvrir la pizza de "Chicago", une spécialité appelée aussi *deep-dish pizza*. Les pizzas à pâte fine sont très bonnes aussi et croustillantes. Certains membres du personnel, des personnages hauts en couleur, travaillent ici depuis toujours. Ouvert tard le soir (service de bar complet), ce qui est plutôt rare à Chicago. (☎312-236-1777 ; www.pizanoschicago.com ; 61 E Madison St ; Pizzas à partir de 14 $; ⏲11h-14h dim-ven, 11h-15h sam ; 📶 ; Ⓜ Lignes marron, orange, verte, violette ou rose, arrêt Madison)

Seven Lions

AMÉRICAIN **$$**

12 Plan p. 32, E4

En face de l'Art Institute, ce restaurant au menu inventif vous accueille avec sa bonne odeur de viande. Il y a souvent beaucoup de monde, mais on peut néanmoins y tenir une conversation. Les plats de poulet grillé avec pickles ainsi que les spaghettis aux calamars côtoient les desserts maison (délicieuses bouchées au caramel de maïs) et des vins d'exception. À l'intérieur, installez-vous dans les confortables fauteuils de cuir brun ou bien essayez la terrasse si le temps le permet. (☎312-880-0130 ; www.sevenlionschicago.com ; 130 S Michigan Ave ; plats 15-27 $; ⏲11h-13h lun-ven, 10h-13h sam et dim ; Ⓜ Lignes marron, orange, verte, violette ou rose, arrêt Adams)

Comprendre

Architecture de Chicago

Première École de Chicago (1872-1899)

Bien que l'incendie de 1871 ait été une tragédie, il a contribué à faire le Chicago d'aujourd'hui. La reconstruction de la ville a attiré des jeunes architectes, notamment Dankmar Adler, Daniel Burnham, John Root et Louis Sullivan. Le Loop leur servit de laboratoire. Ensemble, ils ont créé la Première École de Chicago d'architecture (que certains ont critiquée pour son caractère commercial), privilégiant l'aspect économique, la fonctionnalité et la simplicité. Construits sur des structures métalliques et équipés d'ascenseurs, ces immeubles sont devenus dès 1885 le fer de lance des gratte-ciel modernes. Le Rookery (p. 34) en est un bel exemple.

Prairie School (1895-1915) et Beaux-Arts (1893-1920)

Frank Lloyd Wright, disciple de Louis Sullivan, lance la fameuse Prairie School à Chicago. Les créations de Wright, basses, aux lignes horizontales et aux couleurs naturelles, reproduisent les paysages du Midwest. Robie House (p. 123), bâtie en 1909, est considérée comme la pièce maîtresse du style Prairie.

Alors que la Première École de Chicago et la Prairie School favorisent l'innovation, le style Beaux-Arts français provoque l'engouement. Il devient très populaire avec "White City", un colossal édifice néoclassique de Daniel Burnham, présenté à l'Exposition Universelle de 1893. Autres exemples de style Beaux-Arts : le Musée de la Science et de l'Industrie (p. 123 ; vestige de White City) et le Centre Culturel de Chicago (p. 34).

Seconde École de Chicago (1946-1979) et gratte-ciel d'aujourd'hui

Dans les années 1950, Chicago continue d'innover grâce aux réalisations de Ludwig Mies van der Rohe. Sa vision architecturale du "less-is-more" ("moins c'est plus") et l'utilisation du métal noir et du verre font de lui le pionnier de la Seconde École de Chicago. Le Kluczynski Building, situé dans le Loop (230 S Dearborn St), en est la parfaite illustration.

Les architectes du cabinet Skidmore, Owings et Merrill, s'inspirant des idées de Mies, ont conçu de plus hauts gratte-ciel encore, tels que le Centre John Hancock et la Sears Tower. Cette dernière est restée pendant près d'un quart de siècle la plus haute tour du monde. Aujourd'hui, Chicago repousse encore les limites avec des immeubles comme l'Aqua Tower de Jeanne Gang.

100% Chicago

Promenade sur les quais

La **Riverwalk** (plan p. 32, A1 et plan p. 46, F4 ; Chicago River Waterfront le long de Wacker Dr, entre N Lake Shore Dr et W Lake St ; M Lignes marron, orange, verte, violette, rose ou bleue, arrêt State/Lake) est une superbe promenade le long de la rivière. Cafés-terrasses, bars à vins et fontaines se succèdent sur 2 km, du côté sud de la rivière. Quel bel endroit pour échapper à la foule et admirer le passage des bateaux !

Native Foods Cafe

VÉGÉTALIEN $

13 Plan p. 32, C4

Si vous êtes à la recherche d'un végétalien à prix modéré au centre-ville, Native Foods est fait pour vous. On y déguste un sandwich aux boulettes de seitan, ou bien un burger au tempeh bien épicé. Bières locales et vins bio accompagnent ce menu varié. (312-332-6332 ; www.nativefoods.com ; 218 S Clark St ; plats 9-11 $; 10h30-21h lun-sam, 11h-19h dim ; ; M Lignes marron, orange, violette ou rose, arrêt Quincy)

Pastoral

TRAITEUR $

14 Plan p. 32, E1

Pastoral prépare des sandwichs à base de charcuteries et de fromages : salami, fines tranches de serrano, mozzarella fumée, gruyère..., le tout relevé d'une sauce piquante dans un pain croustillant. Il propose aussi ses sandwichs végétariens. La boutique vend également de la bière et du vin. Le nombre de places assises étant limité, la vente à emporter y est privilégiée, en particulier pour les pique-niques au Millennium Park. (312-658-1250 ; www.pastoralartisan.com ; 53 E Lake St ; sandwichs 8-10 $; 10h30-20h lun-ven, 11h-18h sam et dim ; M Lignes marron, orange, verte, violette ou rose, arrêt Randolph ou State/Lake)

Oasis

MOYEN-ORIENT $

15 Plan p. 32, E2

Au fond d'une galerie marchande dédiée aux bijoutiers, poussez la porte de ce café oriental. Pour un prix raisonnable, on y sert de grandes assiettes de falafels croustillants, un houmous crémeux et autres spécialités du Moyen-Orient. (312-443-9534 ; 21 N Wabash Ave ; plats 5-9 $; 10h-17h30 lun-ven, 11h-16h sam ; M Lignes marron, orange, verte, violette ou rose, arrêt Madison)

Shake Shack

BURGERS $

16 Plan p. 32, E3

La chaîne new-yorkaise a ouvert ses portes à Chicago. On y retrouve des hamburgers à la plancha agrémentés d'une sauce *Shake* sucrée et acidulée et des frites ondulées. Pour les gourmands, un milkshake à la crème onctueuse (mixé avec des morceaux de donuts et de tartes !). On dit que c'est le meilleur du pays... Il le semblerait bien lorsqu'on voit la file d'attente. (312-646-6005 ; www.shakeshack.com ; 12 S Michigan Ave ; plats 5-10 $; 11am-23h ; M Lignes marron, orange, verte, violette ou rose, arrêt Madison)

Prendre un verre

Berghoff

BAR

17 Plan p. 32, D4

Le Berghoff a été le premier établissement de la ville à servir légalement de l'alcool après la Prohibition (vous pouvez demander à voir la licence estampillée "#1"). Depuis, peu de choses ont changé autour de l'antique bar en bois poli. On y sert de la bière maison dans des chopes et le restaurant attenant propose *sauerbraten, schnitzels* et autres plats germaniques. (www.theberghoff.com ; 17 W Adams St ; 11h-21h lun-sam ; M Lignes bleue ou rouge, arrêt Jackson)

Monk's Pub

PUB

18 Plan p. 32, B1

Poussez les lourdes portes et entrez dans cette cave à bières belge aux lumières tamisées. Vieux fûts et robinets vintage donnent le ton. La vaste sélection de bières du monde entier accompagne de bons burgers. En prime, arachides gratuites, dont on jette la coquille au sol – tradition locale. Vous y croiserez des employés de bureau et peut-être un météorologue de la télévision. (www.monkspubchicago.com ; 205 W Lake St ; 9h-23h lun-ven, 11h-17h sam ; M Lignes bleue, marron, orange, verte, violette ou rose, arrêt Clark/Lake)

Toni Patisserie & Cafe

CAFÉ

19 Plan p. 32, E2

Charmant refuge, ce café de style parisien propose une carte modeste de vins français, rouges, blancs et pétillants à déguster sur une table de bistrot. Les éclairs, macarons et autres pièces montées vous font de l'œil depuis la vitrine ! Boissons à emporter (très pratique pour les pique-nique au Millennium Park). (www.tonipatisserie.com ; 65 E Washington St ; 8h-20h lun-sam, 8h-17h dim ; M Lignes marron, orange, verte, violette ou rose, arrêt Randolph ou Madison)

Miller's Pub

PUB

20 Plan p. 32, E3

Mobilier en bois sombre, vitraux et photos sportives nostalgiques au mur ne sont qu'une petite partie du charme de Miller's. Il le doit surtout à l'ambiance qui y règne tard le soir, alors que la plupart des établissements aux alentours ferment leurs portes à 22h. Cerise sur le gâteau, ce pub a une carte de bières époustouflante et propose un beau menu de viandes. (www.millerspub.com ; 134 S Wabash Ave ; 10h-16h ; M Lignes marron, orange, verte, violette ou rose, arrêt Adams)

Bon plan

Pique-nique

Préparez un pique-nique et profitez des pelouses du Millennium Park pour assister à un concert gratuit. Au programme, rock indépendant, jazz ou musique classique joués par des musiciens souvent de renom. Pour votre repas, Pastoral (p. 38) et Toni Patisserie (p. 39) proposent sandwichs, vins et en-cas.

Sortir

Grant Park Orchestra
MUSIQUE CLASSIQUE

21 ★ Plan p. 32, F2

L'été, le Grant Park Orchestra – composé de musiciens de haute volée venus de symphoniques du monde entier – propose des concerts gratuits au Pavillon Pritzker du Millennium Park. On s'installe sur la pelouse avec sa chaise pliante, sa couverture, son vin et son pique-nique. La magie de la soirée opère : soleil couchant, lumières scintillantes des gratte-ciel et musique grandiose. (312-742-7638 ; www.grantparkmusicfestival.com ; Pritzker Pavilion, Millennium Park ; entrée gratuite ; 18h30 mer et ven, 19h30 sam mi-juin à mi-août ; M Lignes marron, orange, verte, violette ou rose, arrêt Randolph)

100% Chicago

Daley Plaza

Au cœur de la **Daley Plaza** (plan p. 32, C2 ; 50 W Washington St ; M Lignes bleue, arrêt Washington) trône la spectaculaire sculpture de Picasso. La place est plaisante pour déjeuner, particulièrement lors de chaudes journées. Les animations ne manquent pas, avec des spectacles de danse, des groupes de musique, des festivals ethniques ou encore des marchés de producteurs (7h-15h jeu). Et tout ça gratuitement.

Goodman Theatre
THÉÂTRE

22 ★ Plan p. 32, D1

Le Goodman est l'un des grands théâtres de Chicago et ses installations sont remarquables. Spécialisé dans le théâtre moderne et classique américain, il a été plusieurs fois primé comme l'un des meilleurs théâtres régionaux des États-Unis. Le matin, à 10h, on peut acheter en ligne des billets à moitié prix pour la représentation du soir. (312-443-3800 ; www.goodmantheatre.org ; 170 N Dearborn St ; M Lignes marron, orange, verte, violette, rose ou bleue, arrêt Clark/Lake)

Chicago Symphony Orchestra
MUSIQUE CLASSIQUE

23 ★ Plan p. 32, E4

Dirigé par Riccardo Muti, le CSO est l'un des meilleurs orchestres symphoniques des États-Unis. Il est réputé pour la ferveur de ses abonnés et l'excellence de sa section cuivres. Son consultant créatif, le violoncelliste Yo-Yo Ma, y joue fréquemment en tant que soliste. Côté architectural, on notera que le *Orchestra Hall* du centre symphonique a été conçu par Daniel Burnham. La saison s'échelonne de septembre à mai. (312-294-3000 ; www.cso.org ; 220 S Michigan Ave ; M Lignes marron, orange, verte, violette ou rose, arrêt Adams)

Lyric Opera Of Chicago
OPÉRA

24 ★ Plan p. 32, A2

Pas facile d'obtenir des places pour assister à une représentation de cette audacieuse compagnie moderne. Dans la salle aux lustres du Civic Opera

House, elle propose des spectacles alliant avec finesse classiques et créations ambitieuses. Pas d'inquiétude si l'italien n'est pas votre fort, au grand dam des puristes, les représentations sont surtitrées en anglais. De septembre à mars. (☎312-332-2244 ; www.lyricopera.org ; 20 N Wacker Dr ; Ⓜ Lignes marron, orange, violette ou rose, arrêt Washington)

Hubbard Street Dance Chicago — DANSE

25 ☆ Plan p. 32, F2

C'est la compagnie phare de Chicago, renommée dans le monde entier. On apprécie cette troupe de danse pour l'énergie et la virtuosité technique de ses compositions. Elle se produit au théâtre Harris dans le Millennium Park (Harris Theater for Music and Dance). (☎312-850-9744 ; www.hubbardstreetdance.com ; 205 E Randolph St ; Ⓜ Lignes marron, orange, verte, violette ou rose, arrêt Randolph)

Shopping

Boutique de la Chicago Architecture Foundation — SOUVENIRS

26 Plan p. 32, E4

On trouve dans cette boutique de quoi ravir les visiteurs en quête de souvenirs : affiches, cartes de Frank Lloyd Wright, maquettes de gratte-ciel et livres spécialisés d'architecture. Une mine d'or pour les amateurs. (www.architecture.org/shop ; 224 S Michigan Ave ; 9h-18h30 ; Ⓜ Lignes marron, orange, verte, violette ou rose, arrêt Adams)

> **Bon plan**
>
> **Photo**
>
> Le selfie idéal en ville se fait devant les lettres géantes et étincelantes de Chicago ornant le **Chicago Theatre** (www.thechicagotheatre.com ; 175 N State St ; Ⓜ Lignes marron, orange, verte, violette ou rose, arrêt State/Lake). Ce bâtiment, datant de 1920, est classé monument historique.

Chapeaux Optimo — ACCESSOIRES

27 Plan p. 32, D4

Optimo est une institution à Chicago, c'est le dernier chapelier sur mesure de la ville. Si vous voulez un feutre comme Al Capone, on vous le confectionnera de façon traditionnelle. Parmi la clientèle de fidèles : Johnny Depp et plusieurs bluesmen locaux. Cette boutique est située dans le Monodnock Building, immeuble classé construit en 1891. (www.optimo.com ; 320 S Dearborn St ; 10h-17h lun-sam ; Ⓜ Ligne bleue, arrêt Jackson)

Explorer

Near North et Navy Pier

Au nord du Loop, la ville est rythmée par les bistrots, les vendeurs de pizza, les galeries d'art et les boutiques chics. Sa principale artère – Michigan Avenue – est surnommée “Magnificent Mile”. S'avançant sur le lac, Navy Pier est un formidable espace dédié aux loisirs. Boutiques pour enfants, manèges, grande roue... les divertissements ne manquent pas. Ces deux quartiers vivent intensément jour et nuit.

L'essentiel en un jour

Petit-déjeuner à **Xoco** (p. 49), avec churros frais et chocolat maison épicé. On se balade le long du **Magnificent Mile** (p. 48), on admire l'architecture du **Tribune Tower** (photo p. 48) et du **Wrigley Building** (p. 48) ou on s'arrête dans les boutiques. On ne résiste pas à l'odeur gourmande d'un sac de popcorns de **Garrett Popcorn** (p. 52) – on l'achète illico pour un petit moment de plaisir.

En route pour **Navy Pier** (p. 44) ! La vue est imprenable une fois perché sur la grande roue (Ferris Wheel). Vous pouvez louer un vélo à **Bobby's Bike Hike** (p. 48) et pédaler le long du lac. Après cette activité, vous avez bien mérité l'happy-hour à **Clark Street Ale House** (p. 51) ou à **Henry's Swing Club** (p. 51).

Dinez d'une assiette de charcuterie et d'un verre de vin au très animé **Purple Pig** (p. 49) ou encouragez le développement durable en profitant d'une vue sur la rivière au **Kitchen Chicago** (p. 50). Plus tard, les amateurs de musique se retrouveront à **Andy's** (p. 51) pour le jazz ou à **Blue Chicago** (p. 52) pour des airs de blues.

Les incontournables

Navy Pier (p. 44)

Le meilleur du quartier

Architecture

Tribune Tower (p. 48)

Marina City (p. 48)

Driehaus Museum (p. 48)

Se restaurer

Xoco (p. 49)

Giordano's (p. 50)

Sports et activités

Bobby's Bike Hike (p. 48)

Pour les enfants

Chicago Children's Museum (p. 49)

Navy Pier (p. 44)

Shopping

Garrett Popcorn (p. 52)

Jazz Record Mart (p. 52)

Comment y aller

M El La ligne rouge dessert le "Magnificent Mile" : arrêt à Grand pour la partie sud et à Chicago pour le nord. Pour le quartier River North, arrêtez-vous à Chicago sur la ligne marron ou violette.

Les incontournables
Navy Pier

À l'origine, Navy Pier était une simple jetée municipale. C'est aujourd'hui la curiosité la plus visitée de Chicago, avec 8 millions de personnes par an qui arpentent ses 800 m de quai. Les riverains se plaignent de son côté commercial, mais on apprécie sa somptueuse vue sur le lac, ses brises fraîches et ses spectaculaires feux d'artifice pendant l'été. Les enfants se régalent avec les manèges high-tech, les fast-foods et les vendeurs de gadgets. Préparez-vous à vivre une expérience haute en couleur.

Plan p. 46, H3

600 E Grand Ave

Entrée gratuite

10h-22h dim-jeu, jusqu'à minuit ven et sam juin-août, 10h-20h dim-jeu, 10h-22h ven et sam sept-mai

M Ligne rouge, arrêt Grand, puis trolley

Manège à Navy Pier

À ne pas manquer

La grande roue et les manèges

La grande roue est un incontournable, avec ses vues panoramiques sur la ville et le lac, du haut de ses quelque 60 m. Les enfants adorent le manège avec son orgue et ses chevaux de bois. On trouve également un mini-golf de 18 trous qui serpente entre les manèges. Chaque attraction coûte entre 6 et 8 $. Le musée pour les enfants de Chicago, situé près de l'entrée principale, comblera les insatiables.

Théâtres et balades en bateaux

Tout au long de l'été, concerts et pièces de théâtre se jouent au Skyline Stage, une salle sous chapiteau de 1 500 places. Un cinéma IMAX et le Chicago Shakespeare Theater complètent le tableau. Des balades en bateaux sont proposées sur le côté sud de la jetée : goélettes à grands mâts ou hors-bord vrombissants, à vous de choisir.

Passé et futur

Navy Pier a démarré son activité en 1916 et, depuis, il a été successivement un port intérieur actif, un centre d'entraînement des pilotes de la Navy, un campus universitaire, un centre pour conventions et aujourd'hui un grand complexe récréatif. Ces dernières années, il est devenu un peu démodé, mais la ville est en train de mettre en place un plan de rénovation ambitieux. On attend une patinoire, des nouveaux lieux de restauration et plus encore, pour 2016 et 2017.

☑ À savoir

- Un trolley gratuit conduit les visiteurs de l'arrêt Grand, de la ligne rouge, à Navy Pier, de fin mai à début septembre. Sinon, comptez 1,6 km à pied.
- Les feux d'artifice de l'été, très prisés, ont lieu les mercredis à 21h30 et les samedis à 22h15.
- Pour un retour en centre-ville, au lieu de prendre les transports en commun, on peut monter à bord du bateau-taxi (Shoreline water taxi, adulte/enfant 8/4 $) depuis Navy Pier jusqu'à Museum Campus.

Une petite faim ?

Avalez une gargantuesque part de pizza soufflée à Giordano's (p. 50), à l'avant-poste de la jetée, ou bien prenez une bière à **Harry Caray's Tavern** (www.harrycaraystavern.com ; 700 E Grand Ave ; 11h-22h dim-jeu, jusqu'à minuit ven et sam ; M Ligne rouge, arrêt Grand, puis trolley).

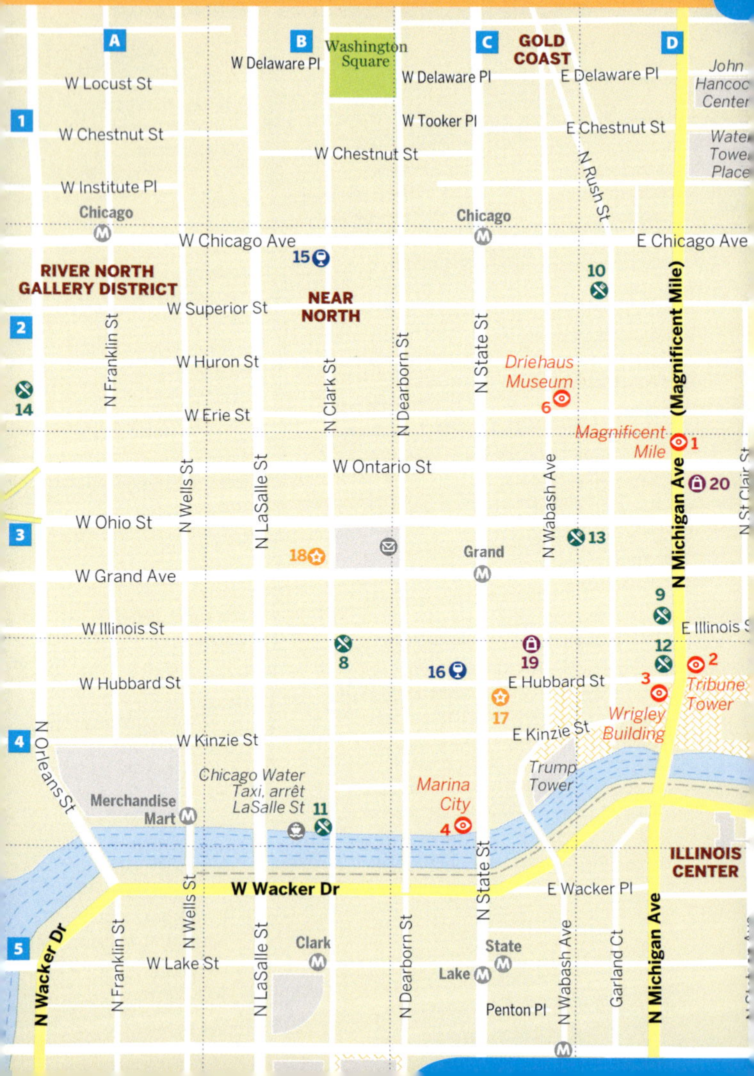
A
B
C
D
1
2
3
4
5
Washington Square
GOLD COAST
John Hancoc Center
Water Tower Place
W Delaware Pl
E Delaware Pl
W Locust St
W Chestnut St
W Tooker Pl
E Chestnut St
W Institute Pl
N Rush St
Chicago
W Chicago Ave
E Chicago Ave
RIVER NORTH GALLERY DISTRICT
NEAR NORTH
W Superior St
W Huron St
W Erie St
W Ontario St
W Ohio St
W Grand Ave
W Illinois St
E Illinois St
W Hubbard St
E Hubbard St
W Kinzie St
E Kinzie St
N Franklin St
N Wells St
N LaSalle St
N Clark St
N Dearborn St
N State St
N Wabash Ave
N Michigan Ave (Magnificent Mile)
N St Clair St
N Orleans St
Driehaus Museum
Magnificent Mile
Tribune Tower
Wrigley Building
Trump Tower
Marina City
Chicago Water Taxi, arrêt LaSalle St
Merchandise Mart
Grand
Clark
State
Lake
ILLINOIS CENTER
W Wacker Dr
E Wacker Pl
N Wacker Dr
W Lake St
Penton Pl
Garland Ct
N Michigan Ave
1
2
3
4
6
8
9
10
11
12
13
14
15
16
17
18
19
20

E
F
G
H
0 400 m
0 0,2 mile
Nos adresses
Les incontournables p. 44
Voir p. 48
Se restaurer p. 49
Prendre un verre p. 51
Sortir p. 51
Shopping p. 52
1
2
3
4
5
N Mies van der Rohe Way
N Dewitt Pl
E Pearson St
Lake Shore Park
N Lake Shore Dr
(promenade au bord du lac)
Lakefront Trail
N Lake Shore Dr
Superior St
Northwestern University Chicago Campus
Huron St
N Fairbanks Ct
E Erie St
Ohio Street Beach
Olive Park
Water Filtration Plant (usine de traitement des eaux)
E Ontario St
STREETERVILLE
N McClurg Ct
NAVY PIER
E Ohio St
Bobby's Bike Hike
5
E Grand Ave
Navy Pier
Chicago Children's Museum
7
E Illinois St
City Front Plaza
Ogden Plaza
N New St
N McClurg Ct
Shoreline Water Taxi vers le Museum Campus
Shoreline Water Taxi vers la Willis Tower
E North Water St
Sheraton Chicago Hotel and Towers
River Esplanade
Chicago River
Urban Kayaks
Hyatt Regency Chicago
E Wacker Dr
Harbor Dr
Lac Michigan
N Columbus Dr
Lake Shore East Park
N Lake Shore Dr
(promenade au bord du lac)
Lakefront Trail

100% Chicago

Galeries de River North

Le River North Gallery District concentre, dans un petit périmètre, de nombreuses galeries. Les meilleures se trouvent sur Franklin St et Superior St. La plupart fournissent des cartes du quartier avec les sites d'intérêt. La **galerie Richard Norton** (plan p. 46, A4 ; www.richardnortongallery.com ; 222 Merchandise Mart Plaza ; 9h-17h lun-ven ; M Lignes marron ou violette, arrêt Merchandise Mart), spécialisée en œuvres impressionnistes, modernistes et du Chicago historique, est l'une des plus connues. **Project Room** (plan p. 46, A2 ; www.theprojectroompb.com ; 217 W Huron St ; 12h-18h mer-sam ; M Lignes marron ou violette, arrêt Chicago) organise des expositions du monde entier – photos tibétaines, gravures cubaines ou encore peintures chiliennes.

On y sert une succulente poitrine de porc braisé. Les repas se partagent sur de grandes tables communes à l'intérieur ou à l'extérieur. Belle carte de vins abordables. Sans réservation. (312-464-1744 ; www.thepurplepigchicago.com ; 500 N Michigan Ave ; petites assiettes 9-19 $; 11h30-minuit dim-jeu, 11h30-1h ven et sam ; ; M Ligne rouge, arrêt Grand)

Giordano's

PIZZA $$

10 Plan p. 46, D2

Giordano's fait la véritable pizza soufflée de Chicago, encore plus épaisse que la version *deep-dish* ! Pour un petit moment de plaisir, commandez la "Special", une calzone avec saucisse, champignons, poivrons verts et oignons. (312-951-0747 ; www.giordanos.com ; 730 N Rush St ; petites pizzas à partir de 15,50 $; 11h-23h dim-jeu, jusqu'à minuit ven et sam ; M Ligne rouge, arrêt Chicago)

Kitchen Chicago

AMÉRICAIN MODERNE $$

11 Plan p. 46, B4

Cet établissement avec vue sur la rivière est un mélange d'espace aéré de béton brut, de chandeliers scintillants et de tables en bois massif. L'ambiance, branchée-décontractée, est conviviale. La cuisine est ouverte sur les chefs qui s'empressent de vous préparer des *bruschettas* aux fèves (source durable), du poulet au citron ou encore des moules fumées. (312-836-1300 ; www.thekitchen.com ; 316 N Clark St ; plats 18-34 $; 11h-22h ; M Lignes bleue, marron ou orange, verte, violette ou rose, arrêt Clark/Lake)

Billy Goat Tavern

BURGERS $

12 Plan p. 46, D4

C'est le repaire des journalistes du *Tribune* et du *Sun-Times* depuis des décennies. Commandez un "cheezborger" et une bière Schlitz, puis découvrez au mur les articles de journaux sur des histoires locales croustillantes. Le lieu est touristique, certes, mais il vaut le déplacement.

Suivez les panneaux indicateurs sur Michigan Ave qui vous guideront jusqu'à cette taverne en sous-sol. (312-222-1525 ; www.billygoattavern.com ; sous-sol, 430 N Michigan Ave ; burgers 4-6 $; 6h-2h lun-ven, 10h-2h sam-dim ; M Ligne rouge, arrêt Grand)

Eataly

ITALIEN $$

13 Plan p. 46, C3

On se sent submergé lorsqu'on ouvre la porte de ce géant des produits italiens. Sur 2 niveaux foisonnent de petits comptoirs et cafés où l'on peut déguster une *focaccia* (délicieux pain tout chaud), du Nutella (que l'on sert en couche épaisse sur du pain ou des crêpes) ou une Birreria (bière brassée sur place). Difficile de faire votre choix ? Rejoignez le bar à vins à l'étage, emportez votre verre et reprenez votre balade. (312-521-8700 ; www.eataly.com ; 43 E Ohio St ; produits 3-13 $, plats 14-25 $; 11h-22h ; M Ligne rouge, arrêt Grand)

Mr Beef

SANDWICHS $

14 Plan p. 46, A2

Mr Beef est réputé pour son sandwich italien local. Celui-ci se compose d'un pain long et moelleux rempli d'une préparation de viande épicée avec son jus (attention, ça dégouline !). La *giardiniera* (condiment épicé) ajoutera une dernière petite touche de piquant. Ne prêtez pas attention au décor un peu suranné. Paiement en espèces uniquement. (312-337-8500 ; 666 N Orleans St ; sandwichs 6-9 $; 9h-17h lun-ven, 10h-15h sam, plus 22h30-4h ven et sam ; M Lignes marron ou violette, arrêt Chicago)

Prendre un verre

Clark Street Ale House

BAR

15 Plan p. 46, B2

Découvrez les bières locales du Midwest. Les bretzels sont gratuits, ce qui n'arrangera pas votre soif... Pour y remédier, un trio de mini-bières à 7 $ à déguster au frais dans le *beer garden*. (www.clarkstreetalehouse.com ; 742 N Clark St ; 16h-4h lun-ven, 11h-4h sam-dim ; M Ligne rouge, arrêt Chicago)

Henry's Swing Club

BAR

16 Plan p. 46, C4

Beaucoup de bars du quartier sont plutôt "tendance". Henry's se démarque par son atmosphère décontractée et ses tarifs relativement bas. On s'installe dans un canapé, on joue au billard ou aux cartes en buvant un cocktail maison ou une bière (choix de 6 bières pression et beaucoup plus en bouteilles). Henry's propose, pour accompagner les boissons, en-cas et petites assiettes, dont de fameux mini-burgers. Service jusqu'à 2h ou 3h du matin. (www.henrys-swing-club.com ; 18 W Hubbard St ; 17h-2h dim et mar-jeu, 15h-2h ven, 17h-3h sam ; M Ligne rouge, arrêt Grand)

100% Chicago

Green Door Tavern

Le **Green Door** (☎312-664-5496 ; www.greendoorchicago.com ; 678 N Orleans St ; plats 10-14 $; ⏲11h30-2h lun-ven, 10h-2h sam-dim ; Ⓜ Lignes marron ou violette, arrêt Chicago), niché dans un immeuble de 1872, est un endroit idéal pour partager quelques bières avec les gens du cru. Les burgers sont de bonne facture et le décor est typique, avec ses vieilles photos et ses souvenirs. Pendant la Prohibition, la porte peinte en vert signifiait qu'il y avait un bar clandestin dans le sous-sol. C'est désormais un bar à cocktails.

Sortir

Andy's

JAZZ

17 ☆ Plan p. 46, C4

Ce club de jazz offre une programmation éclectique de musique : traditionnelle locale, swing, bop, latino, fusion, Afro-pop. Occasionnellement, de grands noms du jazz viennent se produire dans ce bar ouvert depuis les années 1950. Sa situation dans le centre-ville en fait un lieu de détente agréable à la sortie des bureaux. (www.andysjazzclub.com ; 11 E Hubbard St ; 10-15 $; ⏲16h-1h30 ; Ⓜ Ligne rouge, arrêt Grand)

Blue Chicago

BLUES

18 ☆ Plan p. 46, B3

Si vous êtes dans le quartier et souhaitez y passer la soirée, ce club de blues est une bonne adresse. Ambiance chaleureuse et amicale pour écouter musiciens locaux et chanteurs authentiques. (☎312-661-0100 ; www.bluechicago.com ; 536 N Clark St ; 10-12 $; ⏲20h-2h dim-ven, 20h-3h sam ; Ⓜ Ligne rouge, arrêt Grand)

Shopping

Jazz Record Mart

MUSIQUE

19 Plan p. 46, C4

La boutique n'est pas facile à trouver, mais les passionnés de blues et de jazz ont repéré l'endroit. Les collectionneurs de vinyles ne sont pas en reste dans ce magasin classé parmi les meilleurs du pays. On passe des heures à farfouiller dans les casiers de LP poussiéreux ou à discuter avec les sympathiques vendeurs spécialisés. (www.jazzmart.com ; 27 E Illinois St ; ⏲10h-19h lun-sam, 11h-17h dim ; Ⓜ Ligne rouge, arrêt Grand)

Garrett Popcorn

EN-CAS

20 Plan p. 46, D3

La longue file d'attente sur le Mag Mile devant cette petite boutique pourrait en rebuter plus d'un, surtout par temps de neige, et pourtant... on est au paradis une fois que l'on déguste ces popcorns au caramel ou au fromage. Bon plan, le Chicago Mix réunit les deux variétés dans le même cornet. Entrée par Ontario St. (☎312-944-2630 ; www.garrettpopcorn.com ; 625 N Michigan Ave ; ⏲10h-20h lun-jeu, 10h-22h ven et sam, 10h-19h dim ; Ⓜ Ligne rouge, arrêt Grand)

Comprendre

Al Capone

Les débuts

Alphonse Gabriel Capone naît à New York en 1899. Il déménage à Chicago 20 ans plus tard, encouragé par son mentor, le gangster Johnny Torrio, qui lui promet la ville de toutes les opportunités. Capone gravit rapidement les échelons et devient le chef de la mafia de Chicago en 1924. Il prend le contrôle de la partie sud de la ville et étend son empire en éliminant ses rivaux. Capone envoie pour cela ses lieutenants, mitraillette au poing, pour perpétrer ces actes sanglants. Pour l'anecdote, Capone reçoit le surnom de "Scarface" après un combat dans une salle de danse qui lui vaut une large cicatrice sur la joue gauche.

Succès et chute

La Prohibition a fait la richesse de la mafia de Chicago. L'interdiction faite par le gouvernement n'a bien évidemment pas arrêté l'attrait des citoyens pour l'alcool et les gangs ont fait fortune en vendant toutes sortes de boissons illégales. Capone commentait l'hypocrisie de cette société, qui bannissait la consommation d'alcool et puis payait une fortune pour lui en acheter, en disant : "Quand je vends mon alcool, ils appellent ça de la contrebande, quand mes patrons le boivent sur le Lake Shore Dr, ils l'appellent hospitalité ". Capone est resté le chef du gang entre 1924 et 1931 jusqu'à ce qu'Eliot Ness l'arrête pour fraude fiscale. Ness et son équipe d'agents fédéraux étaient surnommés "Les Incorruptibles" car ils ne cédaient pas aux pots-de-vin. Capone a purgé sa peine de 1932 à 1939 et il a quitté la prison atteint de la syphilis.

Sites à visiter

Parmi les sites à voir sur l'infâme Capone, la **Holy Name Cathedral** (735 N State St, Near North), église près de laquelle Capone a commandité une attaque, ou encore le **St Valentine's Day Massacre Site** (2122 N Clark St, Lincoln Park). Pour ce site, vous ferez appel à votre imagination pour y voir le lieu d'une tuerie qui fit sept victimes parmi les membres du gang de Bugs Moran ; en effet, c'est maintenant un simple parking. Le Green Mill (p. 87) était le bar clandestin préféré de Capone. Le gangster est enterré à Hillside, dans la banlieue de Chicago, au cimetière du Mont Carmel. Sur sa pierre tombale, on y lit la simple inscription : "Alphonse Capone, 1899-1947, My Jesus Mercy".

Gold Coast

La Gold Coast abrite les habitants les plus fortunés de Chicago depuis plus de 125 ans. Les clientes chics hantent les boutiques de luxe du quartier et une Rolls Royce passe parfois le long des rues verdoyantes. Les principaux sites à visiter sont le 360° Chicago, tutoyant les nuages, et l'audacieux Museum of Contemporary Art. Le soir, dans Rush St, détendez-vous dans un steakhouse huppé ou un piano bar.

L'essentiel en un jour

On commence par un petit-déjeuner gourmand à **Hendrickx Belgian Bread Crafter** (p. 64), suivi d'une balade sur **Oak Street Beach** (p. 62). Ensuite, on jette un coup d'œil aux expositions, toujours originales, du **Museum of Contemporary Art** (p. 58).

Les amoureux des livres se rendront à la **Newberry Library** (p. 62) pendant que les adeptes de l'histoire de la chirurgie visiteront l'**International Museum of Surgical Science** (p. 62). Après cette visite, à proximité d'Astor St, contemplez les élégants manoirs dont l'**Original Playboy Mansion** de Hugh Hefner (p. 63).

À la tombée de la nuit, une vue exceptionnelle sur Chicago vous attend à l'observatoire du **360° Chicago** (p. 56). Pour cela, un ascenseur ultra-rapide vous emmènera au 94e étage. Si vous préférez un point de vue encore plus élevé, choisissez le **Signature Lounge** au 96e étage (p. 64). Pour un dîner haut de gamme, rendez-vous à **Gibson's** (p. 64).

Les incontournables

360° Chicago (p. 56)

Museum of Contemporary Art (p. 58)

Le meilleur du quartier

Prendre un verre

Signature Lounge (p. 64)

Pour les enfants

American Girl Place (p. 65)

Hershey's (p. 65)

Lego Store (p. 65)

Sports et activités

Oak Street Beach (p. 62)

Se restaurer

Hendrickx Belgian Bread Crafter (p. 64)

Musées et galeries

International Museum of Surgical Science (p. 62)

Museum of Contemporary Art (p. 58)

Comment s'y rendre

M **El** Sur la ligne rouge, arrêt Clark/Division pour le quartier nord, et arrêt Chicago pour le sud.

Bus Le n°151 passe le long de Michigan Avenue, très pratique pour visiter les sites touristiques.

Les incontournables
Museum of Contemporary Art

Considérez le MCA comme le petit frère rebelle de l'Art Institute. Des collections de photos minimalistes, surréalistes et conceptuelles cohabitent avec des œuvres de René Magritte, Cindy Sherman et Andy Warhol. La collection permanente de ce musée couvre tous les arts depuis 1945, exposant des installations visant à brouiller les frontières entre peinture, sculpture, vidéo et autres médias. Les expositions temporaires tournent régulièrement, multipliant les possibilités, mais il est certain qu'elles seront décalées et audacieuses.

Plan p. 60, D8

www.mcachicago.org

220 E Chicago Ave

Adulte/étudiants 12/7 $

10h-20h mar, 10h-17h mer-dim

M Ligne rouge, arrêt Chicago

Entrée du Museum of Contemporary Art

À ne pas manquer

Expositions
Le MCA propose généralement des expositions à thème d'artistes controversés ou de talents émergents que les conservateurs du musée dévoilent au public américain. Ainsi, vous pourriez voir une rétrospective des sculptures de l'artiste allemande Isa Genzken aussi bien que les œuvres pluri-médias faites d'objets recyclés de Simon Starling, lauréat du prix Turner. Les expositions restent environ trois mois avant d'être remplacées par de nouvelles.

Jardin aux sculptures et esplanade
À l'arrière du musée, le jardin-terrasse et ses sculptures vous promettent un agréable moment. L'été, un groupe de jazz joue le mardi à 17h30 au milieu de la verdure. On peut prendre une boisson au bar et s'installer sur la pelouse du jardin. L'esplanade devant le musée est souvent très animée. Le mardi matin, des producteurs locaux vendent leurs légumes, fromages et produits de boulangerie de 7h à 14h. Le concert et le marché sont des activités locales à ne pas manquer.

Théâtre des arts
Le théâtre du MCA accueille régulièrement des spectacles de danse, de musique ou des films conçus par des artistes contemporains reconnus. Ne soyez pas surpris d'entendre un chanteur Inuit en fond sonore pour la présentation d'un film muet, une pièce sur les ventriloques jouée par une troupe de marionnettes européenne, ou encore des danseurs nus bondissant qui dénoncent les effets de la technologie sur la vie. Bonus : un billet acheté offre une entrée gratuite au musée pendant la semaine qui suit.

☑ À savoir

- Des visites gratuites de 45 minutes sont proposées par des guides volontaires à 13h, le mardi à 14h et le week-end à 14h et 15h. Rendez-vous à l'accueil des visiteurs à l'étage.
- L'entrée est gratuite pour les résidents de la ville le mardi, attendez-vous à une plus grande affluence.
- Belle sélection de bijoux et de jouets pour enfants à la boutique du musée.

Une petite faim ?

Un café sur place proposant sandwichs, salades, bières et vin, est ouvert aux mêmes heures que le musée. Le bar avec la meilleure vue sur Chicago, le Signature Lounge (p. 64), se trouve à quelques minutes du musée, au 96e étage du Centre Hancock.

Nos adresses
Les incontournables p. 56
Voir p. 62
Se restaurer p. 63
Prendre un verre p. 64
Sortir p. 65
Shopping p. 65
0,2 mile
400 m
Lac Michigan
Lincoln Park
N Lake Shore Dr
Lakefront Trail (promenade au bord du lac)
International Museum of Surgical Science
3
Original Playboy Mansion
6
GOLD COAST
E North Blvd
W North Blvd
N Astor St
N State Pkwy
N Dearborn St
N Clark St
N LaSalle St
E Burton Pl
W Burton Pl
E Schiller St
W Schiller St
E Banks St
N Ritchie Ct
E Goethe St
W Goethe St
N Stone St
N Astor St
E Scott St
N State Pkwy

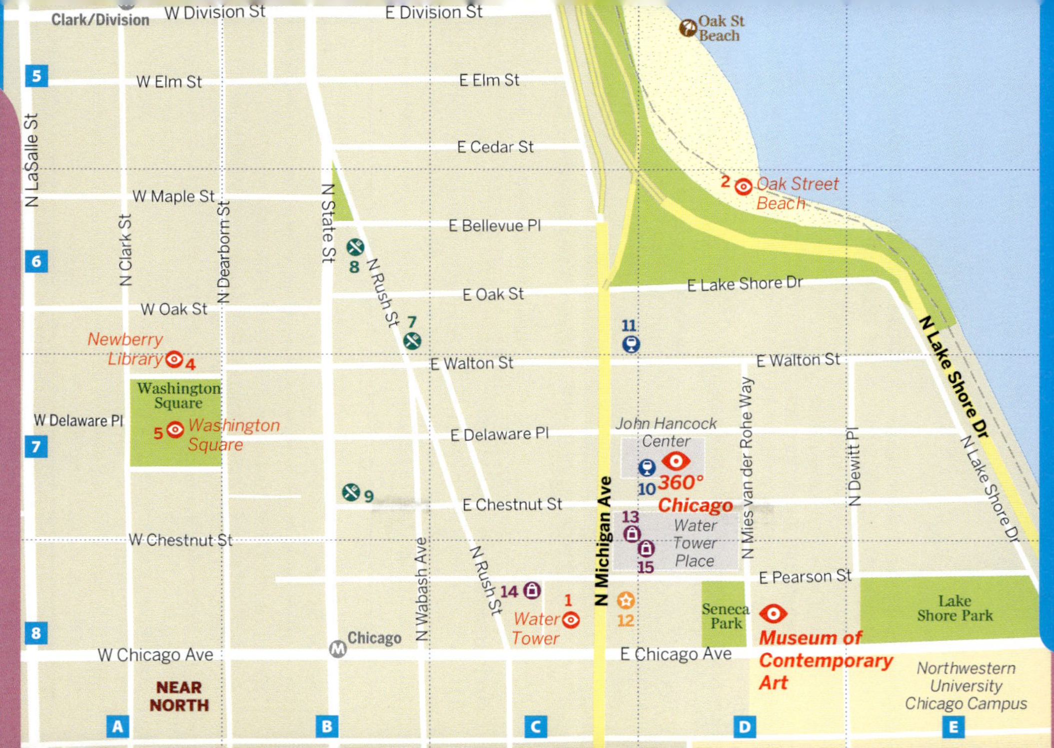
Clark/Division
W Division St
E Division St
Oak St Beach
W Elm St
E Elm St
E Cedar St
N LaSalle St
N Clark St
N Dearborn St
N State St
W Maple St
E Bellevue Pl
2 Oak Street Beach
E Oak St
E Lake Shore Dr
W Oak St
N Rush St
7
8
11
Newberry Library 4
E Walton St
E Walton St
N Lake Shore Dr
Washington Square
W Delaware Pl
5 Washington Square
E Delaware Pl
John Hancock Center
10
360° Chicago
N Mies van der Rohe Way
N Dewitt Pl
N Lake Shore Dr
9
E Chestnut St
W Chestnut St
N Michigan Ave
13
Water Tower Place
15
N Wabash Ave
N Rush St
14
1 Water Tower
12
E Pearson St
Seneca Park
Museum of Contemporary Art
Lake Shore Park
Chicago
W Chicago Ave
E Chicago Ave
Northwestern University Chicago Campus
NEAR NORTH
5
6
7
8
A
B
C
D
E

Voir

Water Tower

SITE D'INTÉRÊT

1 Plan p. 60, C8

Cet ancien château d'eau de 47 m de haut, avec son style néogothique, est l'un des symboles de Chicago. C'est un des rares édifices à avoir résisté, grâce à ses briques de calcaire, aux flammes du Grand Feu qui, en 1871, a ravagé la quasi-totalité de la ville. Aujourd'hui, cette tour abrite la City Gallery (entrée gratuite de 10h à 18h30), exposant les travaux de photographes et artistes locaux sur le thème de Chicago. (108 N Michigan Ave ; M Ligne rouge, arrêt Chicago)

Oak Street Beach

PLAGE

2 Plan p. 60, D6

Cette plage, au pied des gratte-ciel du centre-ville, est très courue l'été. À la belle saison, elle est surveillée par des maîtres-nageurs et vous pourrez louer parasols et transats. Le café, avec ses grands parasols jaunes, propose boissons et musique mixée par des DJ. (www.cpdbeaches.com ; 1000 N Lake Shore Dr ; M Ligne rouge, arrêt Chicago)

International Museum of Surgical Science

MUSÉE

3 Plan p. 60, C2

Scies à amputation, poumons d'acier et autres objets du même acabit sont exposés dans ce manoir grinçant de la Gold Coast. Les anciens speculums romains et les instruments de chirurgie proctologique à bout pointu vous feront froid dans le dos. Diverses cartes postales macabres à la boutique. (312-642-6502 ; www.imss.org ; 1524 N Lake Shore Dr ; adulte/enfant 15/7 $, mar gratuit ; 10h-16h mar-ven, 10h-17h sam et dim ; 151)

Newberry Library

BIBLIOTHÈQUE

4 Plan p. 60, A7

Ces galeries captiveront les bibliophiles, qui se pâmeront devant les originaux des pamphlets de Thomas Paine sur

Comprendre

Astor Street

Dans les années 1880, les familles fortunées de Chicago se sont installées à Astor Street dans de somptueuses résidences. Dans les rues alentour, les belles demeures reflétaient la grandeur de cette époque fastueuse. La **Cyrus McCormick Mansion** (plan p. 60, B2 ; 1500 N Astor St) en est un exemple remarquable. Cette magnifique maison de 1893, de style néoclassique, conçue par l'architecte new-yorkais Stanford White, est désormais convertie en appartements de luxe. L'**Archbishop's Residence** (plan p. 60, B1 ; 1555 N State St) de 1885 attire l'œil avec ses 19 cheminées. Même si l'archevêque n'y habite pas, le diocèse est toujours propriétaire de l'immeuble.

la Révolution française ou devant un ouvrage de Thomas Jefferson (principal auteur de la Déclaration d'indépendance des États-Unis) annoté. Les expositions temporaires présentent de vieux manuscrits, venant de la collection étendue de la bibliothèque. Sur place, la librairie est riche d'ouvrages sur Chicago. (☎312-943-9090 ; www.newberry.org ; 60 W Walton St ; entrée gratuite ; 🕘9h-17h mar-sam ; Ⓜ Ligne rouge, arrêt Chicago)

Washington Square PARC

5 Plan p. 60, A7

Ce parc en face de la bibliothèque Newberry, d'apparence ordinaire, possède toute une histoire. Dans les années 1920, mieux connu sous le nom de "Bughouse Square", il était le lieu de rassemblement de communistes, socialistes, anarchistes, etc., qui y donnaient des discours politiques. Nombre d'entre eux vivaient dans les maisons voisines infestées d'insectes (d'où le surnom de "Bughouse ") ou dans de petits hôtels. Clarence Darrow et Carl Sandburg faisaient partie de ces fameux orateurs. (901 N Clark St ; Ⓜ Ligne rouge, arrêt Chicago)

Original Playboy Mansion IMMEUBLE

6 Plan p. 60, B3

La révolution sexuelle a débuté dans la "grotto" de ce manoir datant de 1899. C'est en 1959 que Hugh Hefner l'achète et fixe une plaque de cuivre au-dessus de la porte d'entrée avec

Oak Street Beach

ces mots "If You Don't Swing, Don't Ring" ("Si vous ne swinguez pas, ne sonnez pas"). Au milieu des années 1970, Hefner déménage près de Los Angeles. L'immeuble a été transformé en appartements, mais allez-y au moins pour pouvoir dire : "Je suis allé à la Playboy Mansion". (1340 N State Pkwy ; Ⓜ Ligne rouge, arrêt Clark/Division)

Se restaurer

Le Colonial FRANÇAIS, VIETNAMIEN $$$

7 Plan p. 60, B6

La vaste salle de ce restaurant romantique vous fait voyager dans la Saigon des années 1920 : chandeliers au plafond, ventilateurs et longues feuilles de palmier frémissant dans la brise. Le personnel peut vous recomposer vos plats en mode végétarien ou sans gluten, parmi les curries ou les plats de poisson cuits dans une feuille de bananier. Si vous désirez des plats épicés, indiquez-le simplement. (☎312-255-0088 ; www.lecolonialchicago.com ; 937 N Rush St ; plats 20-29$; ⏰11h30-15h et 17h-23h lun-ven, jusqu'à minuit sam, jusqu'à 22h dim ; ; Ⓜ Ligne rouge, arrêt Chicago)

Gibson's

STEAKHOUSE $$$

8 Plan p. 60, B6

Gibson's est un lieu phare de la scène politique de Chicago. Les personnages influents de la ville font tourner les fameux martinis et s'arrachent les meilleures tables de la salle, très animée. Le gratin de cette petite société se retrouve au bar. Dans les assiettes, les steaks ainsi que les énormes homards sont excellents. (☎312-266-8999 ; www.gibsonssteakhouse.com ; 1028 N Rush St ; plats 40-55$; ⏰11h-minuit ; Ⓜ Ligne rouge, arrêt Clark/Division)

Tempo Cafe

AMÉRICAIN $

9 Plan p. 60, B7

Dans ce *diner* gai et lumineux, on vous sert la plupart des plats directement depuis la poêle. Le menu, à base d'omelettes, comprend légumes frais et viandes. S'il n'a rien d'extraordinaire, il a l'avantage d'être ouvert 24h/24 et d'offrir des prix abordables dans ce quartier. (☎312-943-3929 ; 6 E Chestnut St ; plats 8-15$; ⏰24hr ; Ⓜ Ligne rouge, arrêt Chicago)

> 100% Chicago
>
> **Hendrickx Belgian Bread Crafter**
>
> Caché dans un immeuble ordinaire, la boutique **Hendrickx Belgian Bread Crafter** (☎312-649-6717 ; www.hendrickxbakery.com ; 100 E Walton St ; snacks 3-9$; ⏰8h-19h mar-sam, 9h-15h dim ; Ⓜ Ligne rouge, arrêt Chicago) est réservée aux initiés. Poussez la jolie porte orange de cette boulangerie et régalez-vous de gaufres, pain au chocolat blanc, croissants au chocolat noir et autres petits feuilletés belges.

Prendre un verre

Signature Lounge

BAR LOUNGE

10 Plan p. 60, D7

Prenez l'ascenseur jusqu'au 96e étage du Centre John Hancock et dégustez votre boisson en admirant la vue sur la ville à plus de 300 m de haut. Le panorama est absolument magique à la tombée de la nuit. Mesdames, ne manquez surtout pas la vue depuis les toilettes. À noter, les enfants ne sont plus acceptés à partir de 19h. (www.signatureroom.com ; 875 N Michigan Ave ; ⏰11h-0h30 dim-jeu, 11h-1h30 ven et sam ; Ⓜ Ligne rouge, arrêt Chicago)

Coq d'Or

BAR LOUNGE

11 Plan p. 60, C6

Ce lounge élégant dans le Drake Hotel a ouvert juste après la Prohibition. Avec ses fauteuils en cuir bordeaux, le barman en smoking et les dames en bijoux et fourrures sirotant un Manhattan, ce bar vous plonge dans l'ancien Chicago. On y joue du piano à partir de 19h. (312-787-2200 ; 140 E Walton St ; 11h-2h lun-sam, 11h-1h dim ; M Ligne rouge, arrêt Chicago)

Sortir

Lookingglass Theatre Company — THÉÂTRE

12 Plan p. 60, C8

Cette troupe très en vue se produit dans un théâtre original situé dans le Water Works, un bâtiment ancien. Ces artistes – dont le cofondateur David Schwimmer de *Friends* – utilisent des cascades et des acrobaties pour dynamiser leurs spectacles, pleins d'imagination, de rêves et de fantaisie. (312-337-0665 ; www.lookingglasstheatre.org ; 821 N Michigan Ave ; M Ligne rouge, arrêt Chicago)

Shopping

American Girl Place — ENFANTS

13 Plan p. 60, C7

Ce n'est pas un magasin de poupées ordinaire, c'est une expérience. Ici, les poupées sont considérées comme de vraies personnes : les infirmières les emmènent en chaise roulante pour une opération et l'on reçoit ces dames au salon de thé en milieu d'après-midi. Il y a aujourd'hui des American Girl Place dans plusieurs grandes villes, mais celui-ci, fleuron de la marque, reste le plus grand et le plus visité. (www.americangirl.com ; 835 N Michigan Ave ; 10h-20h lun-jeu, 9h-21h ven et sam, 9h-18h dim ; ; M Ligne rouge, arrêt Chicago)

Hershey's — CHOCOLAT

14 Plan p. 60, C8

Que diriez-vous d'une barre de chocolat personnalisée avec votre photo sur le papier d'emballage ? Les magasins Hershey's, avec leur déco flashy, sont représentés dans le monde entier et l'une de leurs enseignes est localisée sur le Mag Mile. Bonbons de saison, parfums uniques des *Kisses* et tablettes de chocolat emplissent les étagères. Échantillons disponibles. (www.thehersheycompany.com ; 822 N Michigan Ave ; 10h-20h dim-jeu, 10h-22h ven et sam ; ; M Ligne rouge, arrêt Chicago)

Magasin Lego — ENFANTS

15 Plan p. 60, D8

Les enfants vont s'extasier devant les modèles de fusées, de châteaux et de dinosaures disséminés à travers tout le magasin. Ensuite, ils pourront construire leurs propres créations avec les célèbres petites briques sur des tables prévues à cet effet. Le magasin est situé à l'étage de la Water Tower Place. (www.lego.com ; 835 N Michigan Ave ; 10h-21h lun-sam, 11h-18h dim ; ; M Ligne rouge, arrêt Chicago)

Explorer

Lincoln Park et Old Town

Lincoln Park (le parc) est le plus grand espace vert de la ville, avec ses terrains de jeux, ses canaux, ses sentiers, ses plages et son zoo. Lincoln Park (le quartier) recèle des restaurants haut de gamme, des boutiques branchées et des clubs de blues et de rock très animés. À deux pas, l'élégant Old Town se raccroche à son passé hippie avec ses bars "artsy" et son célèbre théâtre d'improvisation, Second City.

L'essentiel en un jour

Commencez par une flânerie à **Lincoln Park** (p. 68). Vous pouvez passer toute la matinée dans le **Lincoln Park Zoo** (p. 72) avec les lions, les tigres et les ours polaires. Les plantes exotiques du **Lincoln Park Conservatory** (p. 72) et les papillons du **Peggy Notebaert Nature Museum** (photo de gauche ; p. 72) vous offriront un moment de relaxation.

Un peu plus au sud, foulez l'eau du lac et prenez un bain de soleil sur la **North Avenue Beach** (p. 72).Le **Chicago History Museum** (p. 72) est tout près, vous y découvrirez notamment la cloche de la vache qui déclencha le Grand Feu de 1871. Continuez vers Old Town dans Wells St et ses nombreuses bonnes adresses comme **Spice House** (p. 77) et **La Fournette** (p. 74).

Si déguster une vingtaine de plats de cuisine moléculaire vous inspire, tentez de réserver à **Alinea** (p. 73). Sinon, débutez la soirée à **Second City** (p. 76) et sa scène d'improvisation et finissez-la avec quelques verres à **Old Town Ale House** (p. 75). Autre choix, une pizza à **Pequod's** (p. 74) et une fin de soirée blues à **Kingston Mines** (p. 77) ou **BLUES** (p. 76).

Les incontournables

Lincoln Park (p. 68)

Le meilleur du quartier

Comédies et arts de la scène

Second City (p. 76)
iO Theater (p. 76)
Steppenwolf Theatre (p. 76)

Se restaurer

Alinea (p. 73)
Pequod's Pizza (p. 74)
Wiener's Circle (p. 74)

Prendre un verre

Old Town Ale House (p. 75)
Delilah's (p. 75)
J Parker (p. 75)

Musique live

BLUES (p. 76)
Kingston Mines (p. 77)
Lincoln Hall (p. 77)

Sports et activités

North Avenue Beach (p. 72)

Comment s'y rendre

M **El** Lignes marron, violette ou rouge, arrêt Fullerton pour Lincoln Park (le quartier) ; lignes marron ou violette, arrêt Sedgwick pour Old Town.

Bus n°151 depuis le centre-ville pour le zoo et le quartier du parc.

Les incontournables
Lincoln Park

Le quartier tire son nom de ce parc, le plus vaste de Chicago. Il étend ses 485 ha sur 9,5 km le long du lac Michigan, depuis North Ave jusqu'à Diversey Pkwy, où il se rétrécit et se prolonge jusqu'à la fin du Lake Shore Dr. Les jours de beau temps, les habitants viennent jouer avec leurs enfants, se balader sur les sentiers, profiter des plages et des étangs ou bien visiter le zoo. C'est un endroit idéal pour s'évader une matinée ou un après-midi (ou les deux).

Plan p. 70, G4

6h-23h

151

Vue sur Chicago depuis Lincoln Park

À ne pas manquer

Zoo et autres sites gratuits

Ouvert depuis 1868, le zoo de Lincoln Park, gratuit, a enchanté des générations de Chicagoens. Les promeneurs envahissent les lieux, en plein centre du parc. Quant aux enfants, ils accourent à l'exposition africaine Regenstein où ils peuvent approcher des hippopotames pygmées et des crocodiles nains. La maison des Singes les ravira avec leurs gorilles et leurs chimpanzés qui se balancent d'une branche à l'autre. Les singes des neiges prennent le frais dans la forêt des macaques. Les serres du Conservatory et le jardin des lys, bien caché, sont juste à côté (gratuits également).

Lincoln et Couch Mausoleum

En bordure du parc, au sud, se dresse la sculpture d'Augustus Saint-Gaudens *Standing Lincoln*, représentant le 16e président des États-Unis, en profonde méditation avant son discours. Pour les mains et le visage, Saint-Gaudens a utilisé des moulages effectués du temps où Lincoln était vivant. Cette statue est érigée derrière le musée de l'Histoire de Chicago. À proximité, à l'angle de LaSalle Dr et de Clark St, jetez un coup d'œil au Couch Mausoleum. C'est l'unique vestige d'un cimetière municipal qui renfermait les tombes de soldats morts à Camp Douglas, un terrible camp de prisonniers installé au sud de la ville pendant la guerre civile. La ville a déplacé les corps en 1864.

Les plages et au-delà

Le zoo, les jardins et les monuments ne sont pas les seuls attraits de ce parc. En remontant au nord, on aboutit à des marinas, des terrains de golf, des réserves d'oiseaux et des clubs d'aviron sur les canaux. À l'est du parc, on rejoint une piste qui longe le lac et dessert plusieurs plages.

☑ À savoir

- Des marchés et de nombreuses boutiques de plats à emporter jalonnent Clark St ou Diversey Pkwy, parfaits pour des pique-niques.
- Des bornes de vélos Divvy se trouvent à l'angle de Lake Shore Dr et de North Blvd ou devant l'immeuble du Theater on the Lake (près de l'intersection de Lake Shore Dr et de Fullerton Pkwy). Très pratique pour sillonner le parc.
- Petit bonus à votre promenade : mercredi ou samedi matin, découvrez l'opulent Green City market.

Une petite faim ?

Le Sultan's Market (p. 74) est un bon plan pour goûter un plat typique du Moyen-Orient. Le J Parker (p. 75) vous proposera un cocktail chic au bar de sa terrasse sur le toit.

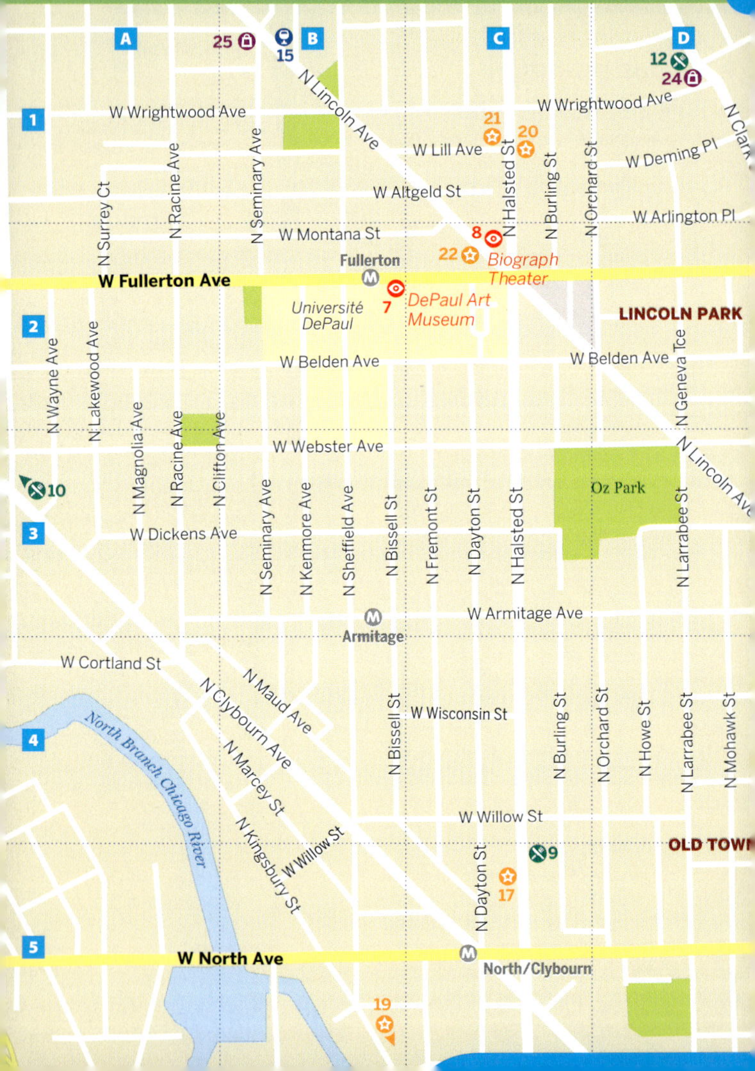
A
B
C
D
1
2
3
4
5
25
15
12
24
21
20
8
22
7
10
9
17
19
W Wrightwood Ave
N Lincoln Ave
W Lill Ave
W Deming Pl
N Clark
W Altgeld St
W Arlington Pl
W Montana St
N Surrey Ct
N Racine Ave
N Seminary Ave
N Halsted St
N Burling St
N Orchard St
Fullerton
W Fullerton Ave
Biograph Theater
Université DePaul
DePaul Art Museum
LINCOLN PARK
W Belden Ave
N Geneva Tce
N Wayne Ave
N Lakewood Ave
N Magnolia Ave
N Clifton Ave
W Webster Ave
Oz Park
N Kenmore Ave
N Sheffield Ave
N Bissell St
N Fremont St
N Dayton St
N Larrabee St
W Dickens Ave
W Armitage Ave
Armitage
W Cortland St
N Maud Ave
N Clybourn Ave
N Marcey St
N Kingsbury St
W Willow St
W Wisconsin St
N Howe St
N Mohawk St
North Branch Chicago River
OLD TOWN
W North Ave
North/Clybourn

E
F
G
H
0 500 m
0 0,25 mile
Nos adresses
Les incontournables p. 68
Voir p. 72
Se restaurer p. 73
Prendre un verre p. 75
Sortir p. 76
Shopping p. 77
1
2
3
4
5
Diversey Harbor
North Pond
Lincoln Park
N Lakeview Ave
N Stockton Dr
N Cannon Dr
Peggy Notebaert Nature Museum
5
N Lake Shore Dr
Fullerton Beach
W Fullerton Pkwy
4
Lincoln Park Conservatory
N Clark St
N Lincoln Park W
Lac Michigan
P
Webster Ave
Lincoln Park Zoo
1
South Lagoon
W Dickens Ave
Lincoln Park Zoo
N Stockton Dr
N Cannon Dr
N Lincoln Ave
South Pond
Lincoln Park
N Hudson Ave
W Wisconsin St
Green City Market
16
6
W Menomonee St
N Clark St
Lincoln Park
N Lake Shore Dr
North Avenue Beach
2
North Avenue Beach
W Willow St
N Wells St
W La Salle Dr
Couch Mausoleum
W Eugenie St
13
Sculpture Standing Lincoln
Chicago History Museum
3
18
N Hudson Ave
N Sedgwick St
W North Ave
E North Blvd
Sedgwick
14
11
Archbishop's Residence
23
N LaSalle Dr
Cyrus McCormick Mansion
N Astor St

Voir

Lincoln Park Zoo

ZOO

1 Plan p. 70, F3

À quelques minutes du centre-ville, ce zoo (gratuit) plaît à tous : des lions, tigres, singes des neiges et créatures exotiques y cohabitent. L'exposition africaine Regenstein et la promenade Boardwalk, notamment, sont vivement recommandées. Au centre d'information (Gateway Pavilion), sur Cannon Dr, vous pourrez vous procurer une carte et les horaires des soins animaliers. (312-742-2000 ; www.lpzoo.org ; 2200 N Cannon Dr ; entrée gratuite ; 10h-16h30 nov-mar, 10h-17h avr-oct, 10h-18h30 sam et dim juin-août ; ; 151)

North Avenue Beach

PLAGE

2 Plan p. 70, H4

La plage la plus populaire de Chicago vous donne un petit goût de Californie. Beach-volley pour les sportifs, châteaux de sable pour les enfants et plongeons dans le lac pour tout le monde ! Un centre de loisirs (*beach house*) en forme de paquebot vous propose concerts, musique mixée par DJ, vente de glaces ou de margaritas. Vous pourrez aussi y louer kayaks, Jet Skis, paddleboards et transats. (www.cpdbeaches.com ; 1600 N Lake Shore Dr ; ; 151)

Chicago History Museum

MUSÉE

3 Plan p. 70, F5

L'histoire de Chicago vous intéresse ? Les présentations multimédias de ce musée vous feront voyager dans le temps depuis le Grand Feu de 1871 jusqu'à la convention démocrate de 1968. Le lit de mort du président Lincoln y est exposé, ainsi que la célèbre cloche de la vache de Mme O'Leary. Les enfants (et leurs parents) pourront se transformer le temps d'une photo en hot dog géant. (312-642-4600 ; www.chicagohistory.org ; 1601 N Clark St ; adulte/enfant 14/gratuit ; 9h30-16h30 lun-sam, 12h-17h dim ; ; 22)

Lincoln Park Conservatory

JARDINS

4 Plan p. 70, F2

Vous ferez le tour du monde en 30 minutes dans ce jardin de 1,2 ha. Palmiers du désert, fougères et orchidées tropicales vous attendent dans ces serres où il fait bon se détendre à 24°C, en toute saison. (312-742-7736 ; www.lincolnparkconservancy.org ; 2391 N Stockton Dr ; entrée gratuite ; 9h-17h ; 151)

Peggy Notebaert Nature Museum

MUSÉE

5 Plan p. 70, F2

Ce musée vous propose au rez-de-chaussée une mare où pataugent librement tortues et grenouilles, un havre à papillons à l'étage et un jardin empli d'oiseaux sur son toit. De quoi ravir les enfants ! Vérifiez l'heure où l'on nourrit les animaux pour programmer votre visite. (773-755-5100 ; www.naturemuseum.org ; 2430 N Cannon Dr ; adulte/enfant 9/6 $; 9h-17h lun-ven, 10h-17h sam et dim ; ; 151)

Green City Market MARCHÉ

6 Plan p. 70, F4

Choux rouges, radis, asperges et autres fruits et légumes colorés se retrouvent sur les étals du plus grand marché de producteurs de Chicago. Cherchez la tente où les cuisiniers vous concoctent des petits plats à partir des produits du marché. Vous pourrez ainsi goûter les crêpes de riz à la purée de choux Romanesco et champignons préparées par Stephanie Izard, lauréate de *Top Chef*. (www.greencitymarket.org ; 1790 N Clark St ; 8h-13h mer et sam mai-oct ; 22)

DePaul Art Museum MUSÉE

7 Plan p. 70, B2

Ce petit musée de l'université DePaul présente des expositions temporaires d'art du XXe siècle. À l'étage sont conservées les œuvres de la collection permanente – dont celles du sculpteur Claes Oldenburg, du dessinateur de BD Chris Ware et de l'architecte Daniel Burnham. Si vous êtes dans le quartier, prenez le temps de visiter ce musée qui ne vous prendra qu'une trentaine de minutes. (www.depaul.edu/museum ; 935 W Fullerton Ave ; entrée gratuite ; 11h-19h mer et jeu, 11h-17h ven, 12h-17h sam et dim ; M Lignes marron, violette ou rouge, arrêt Fullerton)

Biograph Theater SITE HISTORIQUE

8 Plan p. 70, C2

Fait historique : en 1934, la "dame en rouge" trahit le gangster John Dillinger au Biograph (à l'époque, un cinéma). Les agents du FBI abattent ce dernier

THE WASHINGTON POST/GETTY IMAGES ©

Cheesecake par Alinea

dans la ruelle juste derrière le bâtiment. Aujourd'hui, il abrite le Victory Gardens Theater, spécialisé dans des pièces chicagoennes. (2433 N Lincoln Ave ; M Lignes marron, violette ou rouge, arrêt Fullerton)

Se restaurer

Alinea AMÉRICAIN MODERNE $$$

9 Plan p. 70, C5

Classé parmi les meilleurs restaurants au monde, Alinea vous enchantera avec son menu de cuisine moléculaire. Vous goûterez à 20 plats émanant d'une centrifugeuse ou bien pressés à la capsule et servis sur un coussin parfumé à la lavande. Réservez sur le site Internet deux ou trois mois à l'avance. Tentez votre chance pour une place de dernière minute sur le compte twitter (@Alinea). (☎312-867-0110 ; www.alinearestaurant.com ; 1723 N Halsted St ; menu multiplat 210-265 $; ⏲17h-21h30 mer-dim ; Ⓜ Ligne rouge, arrêt North/Clybourn)

Pequod's Pizza

PIZZA $

10 Plan p. 70, A3

Ce restaurant de quartier tire son nom du bateau de Moby Dick et propose sa légendaire pizza *pan-style*, un cran au-dessus de ses concurrentes *deep dish*. Ce qui fait la différence ? Son fromage caramélisé, ses garnitures généreuses et sa sauce sucrée et parfumée. L'ambiance est dynamique avec des serveurs affairés et des murs couverts de graffitis. (☎731-327-1512 ; www.pequodspizza.com ; 2207 N Clybourn Ave ; petites pizzas à partir de 12 $; ⏲11h-2h lun-sam, 11h-minuit dim ; 🚌9 à Webster)

100% Chicago

Marché du sultan

Les habitants se régalent des falafels, tartes aux épinards et autres spécialités du Moyen-Orient au **Sultan's Market**, restaurant tenu en famille (plan p. 70 D1 ; ☎312-638-9151 ; www.chicagofalafel.com ; 2521 N Clark St ; plats 4-7 $; ⏲10h-22h lun-jeu, 10h-minuit ven et sam, 10h-21h dim ; Ⓜ Lignes marron, violette ou rouge, arrêt Fullerton). La petite salle n'a que quelques tables, mais le Lincoln Park est juste à côté pour pique-niquer.

La Fournette

FRANÇAIS $

11 Plan p. 70, F5

Le chef est alsacien et sa boulangerie de style rustique offre un joli choix de macarons (fruits de la passion, pistache, framboise-chocolat) ainsi que des pains fourrés au fromage et des baguettes croustillantes. Sur place, un café torréfié localement chez Intelligentsia accompagnera votre petit-déjeuner. Délicieuses soupes, crêpes, quiches et sandwichs. (☎312-624-9430 ; www.lafournette.com ; 1547 N Wells St ; produits 3-7 $; ⏲7h-18h30 lun-sam, 7h-17h30 dim ; Ⓜ Lignes marron ou violette, arrêt Sedgwick)

Wiener's Circle

AMÉRICAIN $

12 Plan p. 70, D1

Aussi connu pour son ambiance débridée que pour ses hot dogs grillés et ses frites au cheddar, le Wiener's Circle est l'endroit idéal pour un petit creux en fin de soirée. Dans la journée et les soirs de semaine, c'est un petit stand à hot dogs tranquille servant une nourriture honorable. Le spectacle se passe les soirs de week-end vers 2h du matin, lorsque les bars des alentours ferment et que tout le monde fait la fête. (☎773-477-7444 ; 2622 N Clark St ; hot dogs 3-7 $; ⏲11h-4h dim-jeu, 11h-5h ven et sam ; Ⓜ Lignes marron ou violette, arrêt Diversey)

Twin Anchors

BARBECUE $$

13 Plan p. 70, E5

Le Twin Anchors a pour spécialité les *ribs* (travers de porc), que l'on prépare ici fumés et à la sauce Tangy. La viande se détache délicatement à chaque bouchée. Le restaurant n'accepte pas les réservations, donc il vous faudra vous armer de patience ou bien prendre un verre au bar dans le pur style années 1950. L'ambiance sera complète avec le jukebox jouant du Sinatra. (☎312-266-1616 ; www.twinanchorsribs.com ; 1655 N Sedgwick St ; plats 17-27 $; 🕒5h-23h lun-jeu, 17h-minuit ven, 12h-minuit sam, 12h-22h30 dim ; Ⓜ Lignes marron ou violette, arrêt Sedgwick)

Prendre un verre

Old Town Ale House — BAR

14 Plan p. 70, F5

Situé juste en face de Second City, ce bar sans prétention accueille les habitués depuis les années 1960. Ses murs couverts de tableaux, dont des nus d'hommes politiques, créent une atmosphère spéciale dans cet établissement ouvert très tard. Le jukebox diffusant du jazz classique ajoute une touche enjouée pendant que l'on déguste sa pinte de bière. Paiement en espèces uniquement. (www.theoldtownalehouse.com ; 219 W North Ave ; 🕒15h-4h lun-ven, à partir de 12h sam et dim ; Ⓜ Lignes marron ou violette, arrêt Sedgwick)

Delilah's — BAR

15 Plan p. 70, B1

Cet établissement, mouton noir du quartier, a été surnommé à juste titre par un barman la "fierté de Lincoln Avenue". Le Delilah's sert une sélection impressionnante des meilleurs whiskies et n'est pas en reste pour les bières : pressions locales de caractère et internationales en bouteilles. (☎773-472-2771 ; www.delilahschicago.com ; 2771 N Lincoln Ave ; 🕒16h-2h dim-ven, 16h-3h sam ; Ⓜ Ligne marron, arrêt Diversey)

Bon plan

Le El avec vue

Le métro aérien (El train) vous fait visiter la ville pour une somme dérisoire. Si vous voulez avoir la meilleure vue, prenez la ligne marron et descendez sur le Loop. Attrapez le métro dans Lincoln Park, soit à l'arrêt Fullerton, soit à l'arrêt Armitage ; asseyez-vous près de la vitre. Dans les wagons qui mènent au centre-ville, vous aurez la sensation de pouvoir – presque – toucher les gratte-ciel.

J Parker — BAR LOUNGE

16 Plan p. 70, F4

Son plus bel atout est la vue panoramique depuis la terrasse sur le toit au 13e étage de l'hôtel Lincoln. On aperçoit le lac au-delà du parc et, au sud, les gratte-ciel du centre-ville. Préparez-vous à une joyeuse cohue de jeunes et d'étudiants, surtout si la soirée est belle. (www.jparkerchicago.com ; 1816 N Clark St ; 🕒17h-1h lun-jeu, 13h-1h ven, 11h30-1h sam et dim ; 🚌22)

Old Town Ale House (p. 75)

Sortir

Steppenwolf Theatre THÉÂTRE

17 ☆ Plan p. 70, C5

Le Steppenwolf est l'une des scènes les plus réputées de Chicago grâce à ses productions audacieuses de qualité. Parmi ses membres, on compte des pointures hollywoodiennes telles que Gary Sinise, John Malkovich ou Tracy Letts. Bon plan : tous les jours, 20 places à 20 $ sont proposées pour le soir même. Ventes de billets du mardi au samedi à 11h, le dimanche à 13h ou encore par téléphone. (☎312-335-1650 ; www.steppenwolf.org ; 1650 N Halsted St ; M Ligne rouge, arrêt North/Clybourn)

Second City COMÉDIE

18 ☆ Plan p. 70, F5

Bill Murray, Tina Fey et beaucoup d'autres ont fait leurs premières armes dans ce théâtre astucieux. La scène principale (Mainstage) et la scène ETC accueillent des sketches avec improvisations – même qualité et même prix. Sur la scène UP, place à des one-man shows ou à des pièces expérimentales. Passez à 22h (sauf vendredi et samedi) pour assister à des improvisations comiques gratuites. (☎312-337-3992 ; www.secondcity.com ; 1616 N Wells St ; M Lignes marron ou violette, arrêt Sedgwick)

iO Theater COMÉDIE

19 ☆ Plan p. 70, B5

Cet autre grand théâtre d'improvisation de Chicago, avec son style corrosif bien à lui, présente des spectacles grivois tous les soirs sur quatre scènes. Deux bars et un jardin à bières ajoutent à l'ambiance animée. (☎312-929-2401 ; ioimprov.com/chicago ; 1501 N Kingsbury St ; M Ligne rouge, arrêt North/Clybourn)

BLUES BLUES

20 ☆ Plan p. 70, C1

Ce club tout en longueur attire une clientèle un peu plus âgée qui vient dans ce lieu chargé d'histoire pour s'imprégner de blues. De grands noms viennent enflammer la petite scène. (www.chicagobluesbar.com ; 2519 N Halsted St ; entrée 7-10 $; ⏲20h-2h mer-dim ; M Lignes marron, violette ou rouge, arrêt Fullerton)

Kingston Mines
BLUES

21 ★ Plan p. 70, C1

Sa notoriété attire à lui des grands noms du blues et son atmosphère bruyante, chaude et moite promet aux néophytes une expérience unique. Kingston Mines est ouvert 7 jours sur 7, en alternance sur ses deux scènes. Vous serez donc certain d'y entendre chaque jour de la bonne musique. (www.kingstonmines.com ; 2548 N Halsted St ; entrée 12-15 $; 20h-4h lun-jeu, 19h-4h ven et sam, 18h-4h dim ; M Lignes marron, violette ou rouge, arrêt Fullerton)

Lincoln Hall
MUSIQUE LIVE

22 ★ Plan p. 70, C2

Les groupes nationaux de musique indépendante viennent jouer dans ce lieu super tendance à l'acoustique parfaite. Dans la première salle, une cuisine vous propose de petites assiettes et des sandwichs jusqu'à 22h. (773-525-2501 ; www.lincolnhallchicago.com ; 2424 N Lincoln Ave ; ; M Lignes marron, violette ou rouge, arrêt Fullerton)

Shopping

Spice House
ALIMENTATION

23 Plan p. 70, F5

Les effluves des épices vous assaillent lorsque vous pénétrez dans cette boutique exotique. Découvrez les sels noirs et rouges des volcans d'Hawaï ou encore la mélasse de grenade parmi les bocaux bien rangés. À essayer : les mélanges d'herbes faits maison d'après les thèmes de quartiers de Chicago, tel le *Rib Rub* de Bronzeville. Ainsi, vous emporterez un souvenir gustatif de la ville. (312-274-0378 ; www.thespicehouse.com ; 1512 N Wells St ; 10h-19h lun-sam, 10h-17h dim ; M Lignes marron ou violette, arrêt Sedgwick)

Dave's Records
MUSIQUE

24 Plan p. 70, D1

Le magazine *Rolling Stone* a catalogué ce magasin de disques comme l'un des meilleurs du pays. Sa devise "tout le vinyle, en tout temps" invite les passionnés à fouiller les caisses remplies de disques de rock, jazz, blues, folk et house. Dave est lui-même derrière le comptoir sur lequel vous aurez la chance de dégoter une perle rare dans la pile de disques valant chacun 25 cents. (773-929-6325 ; www.davesrecordschicago.com ; 2604 N Clark St ; 11h-20h lun-sam, 12h-19h dim ; M Lignes marron ou violette, arrêt Diversey)

Rotofugi
JOUETS

25 Plan p. 70, B1

Rotofugi se spécialise dans les jouets de designer. Les étonnants articles en vinyle et peluche, les robots et objets de l'espace vont certainement rendre votre intérieur unique. C'est aussi une galerie qui expose des productions d'art moderne et des illustrations. Vous y trouverez les fameux *Shawnimals*, figurines créées localement. (773-868-3308 ; www.rotofugi.com ; 2780 N Lincoln Ave ; 11h-19h ; M Lignes marron ou violette, arrêt Diversey)

Explorer

Lake View et Wrigleyville

Lake View est le nom donné à ce quartier dynamique habité en grande partie par une population jeune (20-30 ans). Wrigleyville est un micro-quartier s'étendant autour du stade mythique Wrigley Field. Assez calme dans la journée, il s'anime le soir grâce à ses nombreux bars débridés. Entre les deux, Boystown, bastion de la communauté gay nantie de Chicago, ajoute sa touche festive avec ses discothèques.

L'essentiel en un jour

Le quartier se réveille assez tard le matin. Les boutiques ouvrent leurs portes vers 11h et vous pourrez alors vous promener sur Halsted St dans **Boystown** (p. 83), acheter des dessous affriolants ou découvrir les dernières nouveautés gays. Des boutiques amusantes comme **Strange Cargo** (p. 85) vous attendent sur Clark St et enfin, pour reprendre des forces, avalez un solide déjeuner à **Crisp** (p. 83).

Par beau temps, rien ne vaut un après-midi au **Wrigley Field** (photo de gauche ; p. 80). Les bars se remplissent de fans débordant d'enthousiasme. Même s'il n'y a pas de match, vous pourrez faire la visite du stade historique.

Pour le dîner, **Home Bistro** (p. 83) vous proposera un menu contemporain dans un joli décor tout confort et **Mia Francesca** (p. 84) vous servira de belles assiettes de pâtes. Préparez-vous ensuite à sortir : **Bar Pastoral** (p. 84) ou **Gingerman** (p. 83) vous séduiront si vous aimez les soirées tranquilles, **Metro** (p. 85) vous siéra mieux si vous êtes fan de rock et **Comedysportz** (p. 85) vous comblera si vous aimez les scènes d'improvisation. La fin de soirée vous conduira au **Berlin** (p. 84) ou au **Smart Bar** (p. 84) pour un bon moment de *dance music*.

Les incontournables

Wrigley Field (p. 80)

Le meilleur du quartier

Sports et activités

Chicago Cubs (p. 85)

Gay et lesbien

Sidetrack (p. 84)

Berlin (p. 84)

Closet (p. 84)

Home Bistro (p. 83)

Musique live

Metro (p. 85)

Prendre un verre

Smart Bar (p. 84)

Berlin (p. 84)

Shopping

Strange Cargo (p. 85)

Comédies et arts de la scène

Comedysportz (p. 85)

Comment s'y rendre

M **El** Ligne rouge, arrêt Addison pour Wrigley Field et ses environs ; lignes rouge, marron ou violette, arrêt Belmont pour Boystown.

Les incontournables
Wrigley Field

Construit en 1914 et portant le nom de la célèbre marque de chewing-gum, Wrigley Field – nommé aussi Friendly Confines – est le deuxième plus ancien stade de base-ball de la ligue majeure américaine. Ses traditions sont bien vivaces, même si une malédiction semble poursuivre son équipe résidente. En effet, les Cubs n'ont gagné aucun championnat depuis 1908, record malheureux inégalé parmi les clubs de football, de hockey ou de basket-ball américain.

Plan p. 82, B3

www.cubs.com

1060 W Addison St

M Ligne rouge, arrêt Addison

Wrigley Field

À ne pas manquer

Environs

Le stade est typique de l'esprit *Americana old-school*, avec ses tableaux de score tournés manuellement, ses murs couverts de lierre et son nom écrit en grandes lettres au néon au-dessus de la porte d'entrée. Le stade occupe un emplacement unique, au milieu d'un quartier résidentiel de la ville, et entouré de maisons, de bars et de restaurants. Des installations modernes ont été ajoutées récemment, dont un écran vidéo géant sur le côté gauche du stade.

Malédiction

L'histoire commence en 1945 avec Billy Sianis, propriétaire de la Billy Goat Tavern. Cette année-là, les Cubs sont en finale de la World Series contre les Detroit Tigers. Quand Sianis tente d'entrer dans le stade avec sa chèvre pour voir le match, il est refoulé par la sécurité au prétexte que sa chèvre sent mauvais. Sianis lève le bras et lance sa malédiction : "Les Cubs ne gagneront plus jamais les World Series !" C'est effectivement ce qui se produisit...

Traditions

Au milieu de la septième manche, vient un moment de pure tradition : tout le monde se lève et entonne *Take Me Out to the Ballgame*, emmené par une célébrité invitée comme Mister T, Ozzy Osbourne ou encore le météorologue local. Autre tradition : si vous attrapez la balle d'un *homerun*, vous avez l'honneur de la relancer sur le terrain. Après chaque match se hisse un drapeau au-dessus du tableau des scores. Un drapeau blanc avec un "W" bleu indique la victoire alors qu'un drapeau bleu avec "L" blanc signifie la défaite.

☑ À savoir

- Achetez les billets sur le site des Cubs ou directement au stade. Le site **StubHub** (www.stubhub.com) propose des billets à tarif réduit.
- Les sièges situés tout en haut des gradins sont souvent bon marché. La vue reste acceptable.
- Pas de billets ? Sur Sheffield Ave, une ouverture ("*knothole*") de la taille d'une porte de garage vous permettra de suivre gratuitement l'action en direct.

Une petite faim ?

Le rituel avant le match est de prendre une bière à **Murphy's Bleachers** (plan p. 82, B3 ; ☎773-281-5356 ; www.murphysbleachers.com ; 3655 N Sheffield Ave ; ⏰11h-2h ; Ⓜ Ligne rouge, arrêt Addison), à quelques pas du stade. Dans Wrigley Field, vous vous régalerez avec un hot dog au stand de Hot Doug à la Platform 14 (derrière les gradins, billets nécessaires pour y accéder).

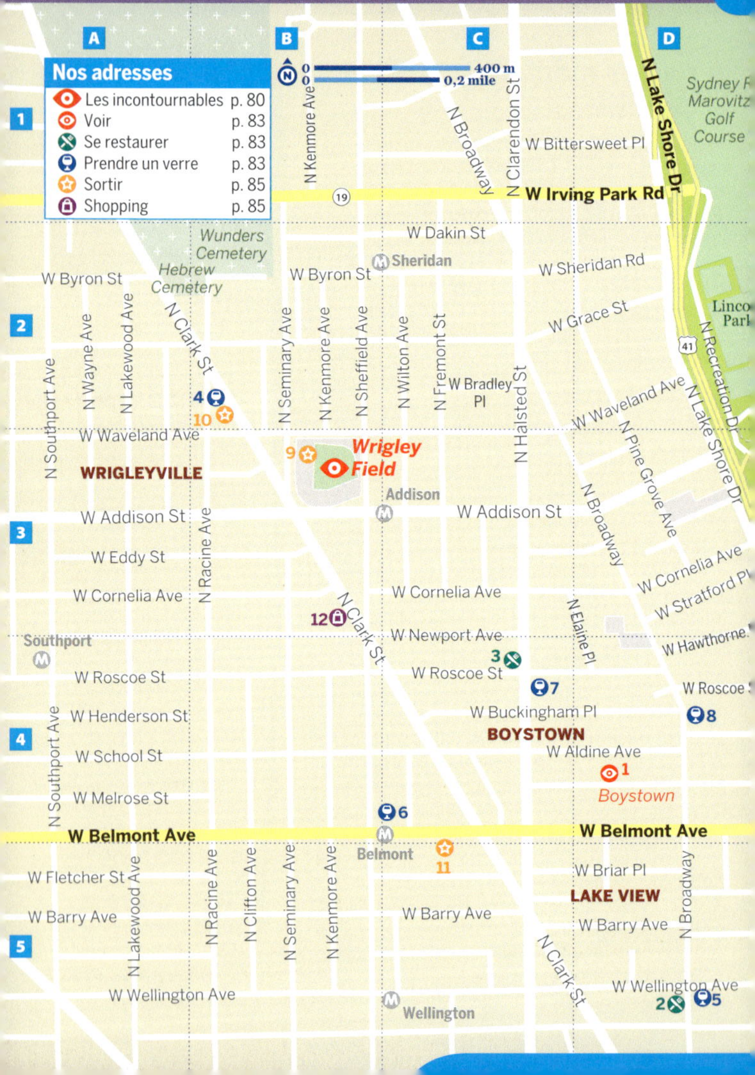
Nos adresses
Les incontournables p. 80
Voir p. 83
Se restaurer p. 83
Prendre un verre p. 83
Sortir p. 85
Shopping p. 85
0 400 m
0 0,2 mile
A
B
C
D
1
2
3
4
5
Sydney R. Marovitz Golf Course
Wunders Cemetery
Hebrew Cemetery
WRIGLEYVILLE
Wrigley Field
BOYSTOWN
Boystown
LAKE VIEW
Sheridan
Addison
Southport
Belmont
Wellington
W Irving Park Rd
W Belmont Ave
N Lake Shore Dr
N Clark St
N Broadway
N Halsted St
N Southport Ave
W Addison St
W Waveland Ave
W Byron St
W Grace St
W Sheridan Rd
W Dakin St
W Bittersweet Pl
W Cornelia Ave
W Roscoe St
W Wellington Ave
W Barry Ave
N Racine Ave
N Kenmore Ave
N Seminary Ave
N Sheffield Ave
N Wilton Ave
N Fremont St
N Clarendon St
N Wayne Ave
N Lakewood Ave
N Clifton Ave
N Pine Grove Ave
N Elaine Pl
N Recreation Dr
W Bradley Pl
W Eddy St
W Newport Ave
W Henderson St
W School St
W Melrose St
W Buckingham Pl
W Aldine Ave
W Fletcher St
W Briar Pl
W Stratford Pl
W Hawthorne
19
41

Voir

Boystown

QUARTIER

1 Plan p. 82, D4

Boystown est à la Windy City ce que Castro est à San Francisco. Fief de la communauté gay (plutôt masculine), Boystown habille ses rues de drapeaux arc-en-ciel et le quartier foisonne de bars et de restaurants. (entre Halsted St et Broadway St, Belmont Ave et Addison St ; M Ligne rouge, arrêt Addison)

Se restaurer

Crisp

ASIATIQUE $

2 Plan p. 82, D5

Ambiance musicale dans ce café sympathique où de délicieux plats fusion coréens sont préparés à la minute. Le "Bad Boy Buddha", sorte de *bibimbap* (bol de légumes variés accompagnés de riz) est l'un des meilleurs plats équilibrés de la ville. (www.crisponline.com ; 2940 N Broadway ; plats 9-13 $; 11h30-21h ; M Lignes marron et violette, arrêt Wellington)

Home Bistro

AMÉRICAIN MODERNE $$

3 Plan p. 82, C4

Au Home Bistro (surnommé HB), le décor est cosy et la cuisine moderne. Moules marinière à la bière, macaronis aux fromages et poulet frit dans du babeurre vous seront servis dans l'espace bordé de bois et tuiles. Si possible, installez-vous près de la fenêtre pour regarder passer la foule de

Strange Cargo (p. 85)

Boystown. Si vous apportez votre bière ou votre vin, vous ferez des économies. (773-661-0299 ; www.homebistrochicago.com ; 3404 N Halsted St ; plats 19-25 $; 17h30-22h mar-jeu, 17h-22h30 ven et sam, 11h-21h dim ; M Ligne rouge, arrêt Addison)

Prendre un verre

Gingerman Tavern

BAR

4 Plan p. 82, B2

Les billards, la sélection de bonnes bières et les clients piercés et tatoués font de Gingerman un lieu merveilleusement différent des bars sportifs avoisinant Wrigleyville. (3740 N Clark St ; 15h-2h lun-ven, à partir de 12h sam et dim ; M Ligne rouge, arrêt Addison)

Bar Pastoral

BAR À VINS

5 Plan p. 82, D5

La mini-chaîne du traiteur Pastoral compte un bar à vins attenant à sa boutique de Lake View. Il propose des demi-verres à 5 $, permettant de goûter différents crus. Accompagnez-les de pains et de fromages, spécialités de la maison. Les plats de la carte sont plutôt quelconques. (www.barpastoral.com ; 2947 N Broadway ; 17h-22h lun-mer, 17h-23h jeu, 17h-minuit ven, 11h-minuit sam, 11h-22h dim ; M Lignes marron et violette, arrêt Wellington)

Smart Bar

CLUB

Smart Bar, club bien connu mais sans prétention, est situé dans le sous-sol du club de rock Metro. Les excellents DJ qui s'y produisent remplissent la petite salle, à l'origine plutôt intimiste. (www.smartbarchicago.com ; 3730 N Clark St ; 22h-4h mer-dim ; M Ligne rouge, arrêt Addison)

Berlin

CLUB

6 Plan p. 82, C4

Envie d'un dance-floor bondé et moite ? Berlin accueille une clientèle plutôt gay en milieu de semaine et de tous bords le week-end. Les écrans de télévision diffusent des clips de pop ou d'électro pendant que les DJ font monter la température sur la piste avec de la trance. (773-348-4975 ; www.berlinchicago.com ; 954 W Belmont Ave ; 22h-4h mar, à partir de 17h mer-dim ; M Lignes rouge, marron ou violette, arrêt Belmont)

Sidetrack

CLUB

7 Plan p. 82, C4

L'imposant Sidetrack assène sa musique dance à la foule gay et gay-friendly. Préparez-vous à donner le meilleur de vous-même aux soirées "show-tune nights" du dimanche et du lundi. Si l'ambiance est trop agitée pour vous à l'intérieur, l'immense cour arrière vous attend. (www.sidetrackchicago.com ; 3349 N Halsted St ; 15h-2h lun-ven, à partir de 13h sam et dim ; M Lignes rouge, marron ou violette, arrêt Belmont)

Closet

BAR LESBIEN

8 Plan p. 82, D4

C'est l'un des rares bars lesbiens de Chicago. Closet change de tempo vers 2h du matin, quand la clientèle devient mixte. La musique est alors plus forte et l'ambiance plus électrique. (773-477-8533 ; www.theclosetchicago.com ;

100% Chicago

Mia Francesca

Dans cette bourdonnante trattoria, on déguste des *linguine* aux fruits de mer, des raviolis aux épinards, des médaillons de veau et autres spécialités italiennes. Les habitués aiment venir à **Mia Francesca** (plan p. 82, C4 ; 773-281-3310 ; www.miafrancesca.com ; 3311 N Clark St ; plats 16-27 $; 17h-22h lun-jeu, 17h-23h ven, 11h30-23h sam, 10h-21h dim ; M Ligne rouge, marron ou violette, arrêt Belmont) pour sa cuisine, bien sûr, mais aussi pour son décor typique. Sur la table, nappe blanche et vase de fleurs fraîches vous attendent.

3325 N Broadway ; 16h-4h lun-ven, à partir de 12h sam et dim ; ; Lignes rouge, marron ou violette, arrêt Belmont)

Sortir

Chicago Cubs

BASE-BALL

9 Plan p. 82, B3

L'équipe de ligue des Cubs, bien-aimée ici, joue au Wrigley Field. Même s'ils n'ont gagné aucune finale des World Series depuis plus d'un siècle, cela n'empêche pas les fans et les touristes de venir assister à leurs matchs. Le prix des billets est variable, mais il sera tout de même difficile d'entrer pour moins de 30 $. Les sièges sur les gradins sont les plus cotés. (www.cubs.com ; 1060 W Addison St ; Lignes rouge, arrêt Addison)

Metro

MUSIQUE LIVE

10 Plan p. 82, B2

Depuis plus de 30 ans, Metro rime avec l'esprit pur rock. Sonic Youth et les Ramones dans les années 1980, Nirvana et Jane's Addiction dans les années 1990 et White Stripes et The Killers depuis 2000. Chaque soir, on a droit à du gros son servi par des groupes qui pourraient bien être sur le chemin de la célébrité. (www.metrochicago.com ; 3730 N Clark St ; Ligne rouge, arrêt Addison)

Comedysportz

COMÉDIE

11 Plan p. 82, C5

Quel est le truc ? Deux équipes s'affrontent pour vous faire rire. Le spectacle est totalement improvisé et c'est le public qui dirige l'action. Un modérateur arbitre la compétition et l'équipe la plus fine "gagne". Vous pouvez apporter des boissons depuis le bar du hall d'entrée. (773-549-8080 ; www.comedysportzchicago.com ; 929 W Belmont Ave ; Lignes rouge, marron ou violette, arrêt Belmont)

À savoir

Jour de match à Wrigleyville

Si un match des Cubs se tient à Wrigley Field, attendez-vous à voir un quartier agité. Environ 30 000 personnes arpentent alors les rues autour du stade. Bus et métros bondés, circulation contrariée, bars et restaurants pleins à craquer : on peut aimer, ou ne pas aimer, l'ambiance... Pour un peu plus de calme, il vaut mieux choisir un jour sans match.

Shopping

Strange Cargo

VÊTEMENTS

12 Plan p. 82, B3

Ce magasin rétro vend des vêtements hippies, des chaussures à semelles compensées et des perruques. Le rayon de tee-shirts kitsch vous fera tourner la tête. Le personnel peut vous faire des tee-shirts personnalisés avec des images du Centre Hancock, d'Obama, des Schtroumpfs ou de tout autre souvenir inoubliable. (www.strangecargo.com ; 3448 N Clark St ; 11h-18h45 lun-sam, 11h-17h30 dim ; Ligne rouge, arrêt Addison)

Explorer

Wicker Park, Bucktown et Ukrainian Village

Ces trois quartiers, devenus des pôles immobiliers recherchés, ont vu émerger des disquaires à la mode, des friperies et des bars lounges. Mais les petits cafés d'Europe orientale n'ont pas disparu pour autant. Wicker Park se trouve au centre, entre Bucktown, plus chic et Ukrainian Village, un peu moins sophistiqué. Les restaurants et les clubs de rock de ces quartiers sont sans égaux à Chicago.

L'essentiel en un jour

Commencez la journée par un petit déjeuner Tex-Mex au *diner* rétro **Dove's Luncheonette** (p. 92), puis lancez-vous dans un shopping effréné sur Milwaukee et North Avenues. Magasins à ne pas manquer : **Quimby's** (p. 96), **Una Mae's** (p. 97) et **Reckless Records** (p. 97).

Changement de rythme en cheminant sur le **606 Trail** (p. 92), qui surplombe le quartier. La ville a transformé une ancienne voie de chemin de fer aérienne en une balade aménagée. Cette promenade donne un bon aperçu des différents quartiers qu'elle traverse.

Pour le dîner, vous aurez l'embarras du choix : **Mana Food Bar** (p. 93) et **Mindy's Hot Chocolate** (photo de gauche ; p. 93) sont incontournables, **Ruxbin** (p. 92) et **Irazu** (p. 93) sont des adresses plus confidentielles. À l'heure de l'apéritif, commandez un cocktail élaboré à **Violet Hour** (p. 94) ou une bière pour un moment plus tranquille à **Map Room** (p. 95). La musique live indé a ici ses bonnes adresses : **Hideout** (p. 95), **Double Door** (p. 95) et **Empty Bottle** (p. 96) proposent toujours de bons spectacles.

Le meilleur du quartier

Se restaurer

Dove's Luncheonette (p. 92)

Ruxbin (p. 92)

Mana Food Bar (p. 93)

Irazu (p. 93)

Handlebar (p. 94)

Flo (p. 94)

Musique Live

Hideout (p. 95)

Empty Bottle (p. 96)

Double Door (p. 95)

Prendre un verre le soir

Violet Hour (p. 94)

Map Room (p. 95)

Matchbox (p. 95)

Shopping

Quimby's (p. 96)

Dusty Groove (p. 97)

Una Mae's (p. 97)

Reckless Records (p. 97)

Comment y aller

Ⓜ **El** Ligne bleue, arrêt Damen pour Bucktown et Wicker Park nord ; arrêt Division pour Wicker Park sud ; arrêt Chicago pour Ukrainian Village.

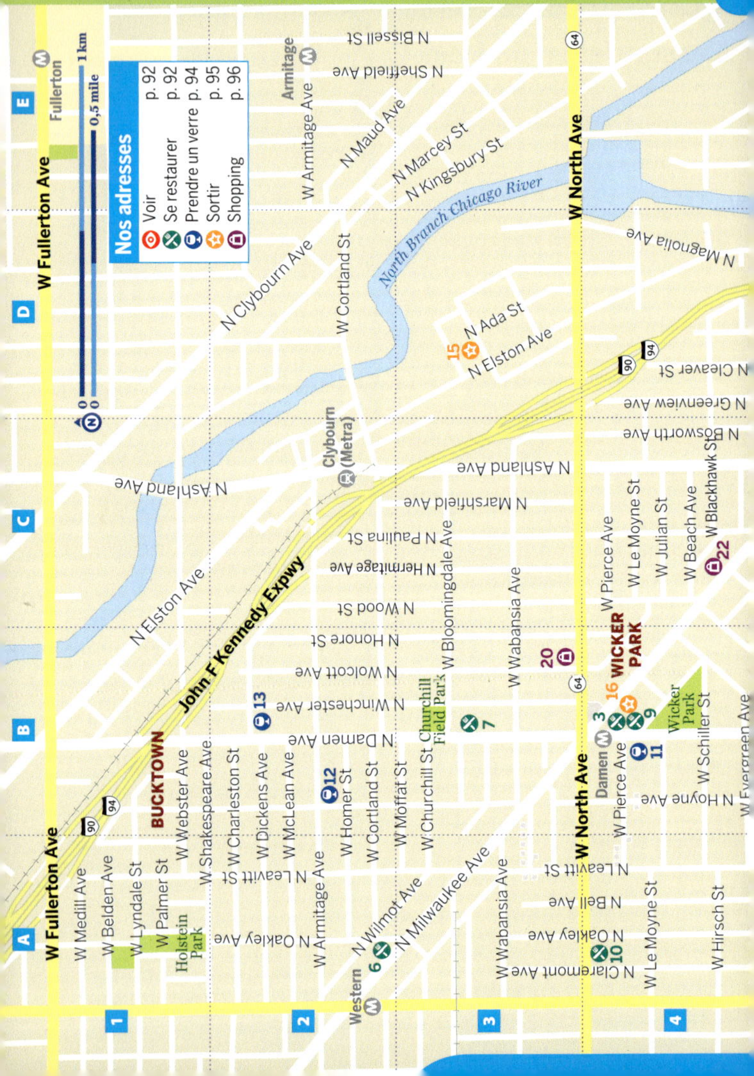
Nos adresses
Voir p. 92
Se restaurer p. 92
Prendre un verre p. 94
Sortir p. 95
Shopping p. 96
0
1 km
0
0,5 mile
W Fullerton Ave
Fullerton
Armitage
Clybourn (Metra)
Western
Damen
BUCKTOWN
WICKER PARK
Holstein Park
Churchill Field Park
Wicker Park
John F Kennedy Expwy
North Branch Chicago River
W North Ave
N Elston Ave
N Clybourn Ave
N Ashland Ave
N Milwaukee Ave
N Wilmot Ave
W Armitage Ave
W Cortland St
N Maud Ave
N Marcey St
N Kingsbury St
N Sheffield Ave
N Bissell St
N Ada St
N Magnolia Ave
N Cleaver St
N Greenview Ave
N Bosworth Ave
N Marshfield Ave
N Paulina St
N Hermitage Ave
N Wood St
N Honore St
N Wolcott Ave
N Winchester Ave
N Damen Ave
N Leavitt St
N Oakley Ave
N Bell Ave
N Claremont Ave
N Hoyne Ave
W Medill Ave
W Belden Ave
W Lyndale St
W Palmer St
W Webster Ave
W Shakespeare Ave
W Charleston St
W Dickens Ave
W McLean Ave
W Homer St
W Moffat St
W Churchill St
W Bloomingdale Ave
W Wabansia Ave
W Pierce Ave
W Le Moyne St
W Julian St
W Beach Ave
W Blackhawk St
W Schiller St
W Hirsch St
W Evergreen Ave
A
B
C
D
E
1
2
3
4

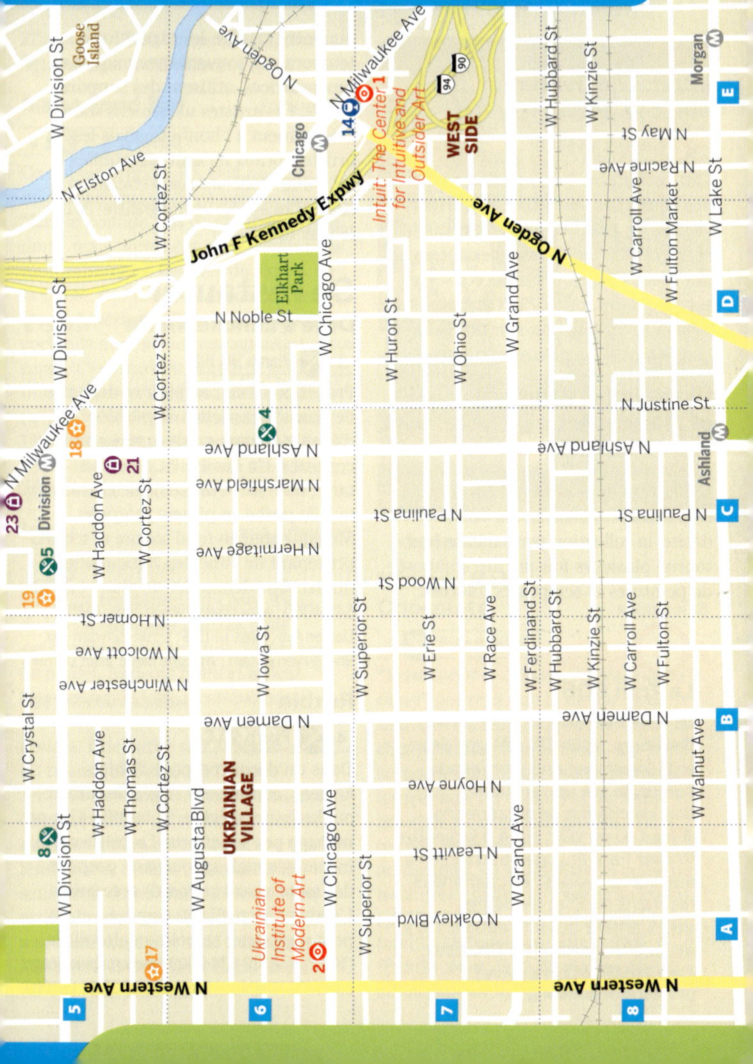
W Division St
Goose Island
N Ogden Ave
N Milwaukee Ave
14
Intuit: The Center for Intuitive and Outsider Art
1
94
90
WEST SIDE
W Hubbard St
W Kinzie St
Morgan
E
N May St
N Racine Ave
W Lake St
W Carroll Ave
W Fulton Market
N Elston Ave
W Cortez St
Chicago
John F Kennedy Expwy
N Ogden Ave
Elkhart Park
N Noble St
W Chicago Ave
W Huron St
W Ohio St
W Grand Ave
D
W Division St
N Milwaukee Ave
W Cortez St
N Justine St
4
N Ashland Ave
Ashland
18
21
Division
W Haddon Ave
N Marshfield Ave
23
W Cortez St
N Paulina St
C
N Hermitage Ave
5
19
N Wood St
N Homer St
N Wolcott Ave
W Iowa St
W Superior St
W Erie St
W Race Ave
W Ferdinand St
W Hubbard St
W Kinzie St
W Carroll Ave
W Fulton St
N Winchester Ave
W Crystal St
N Damen Ave
B
W Walnut Ave
W Haddon Ave
W Thomas St
W Cortez St
N Hoyne Ave
W Augusta Blvd
UKRAINIAN VILLAGE
8
W Division St
N Leavitt St
W Grand Ave
W Chicago Ave
W Superior St
Ukrainian Institute of Modern Art
2
N Oakley Blvd
A
17
N Western Ave
5
6
7
8

Quimby's

le monde de la musique est telle que des groupes comme les Rolling Stones y ont joué. (www.doubledoor.com ; 1572 N Milwaukee Ave ; M Ligne bleue, arrêt Damen)

Empty Bottle

MUSIQUE LIVE

17 ✪ Plan p. 90, A5

Les amateurs de musique se retrouvent souvent à Empty Bottle, un bar de quartier défraîchi, mais néanmoins recherché pour son rock, jazz et autres styles. Concert gratuit souvent le lundi. Des bières bon marché, un photomaton et des graffitis dans les toilettes créent un style particulier. (www.emptybottle.com ; 1035 N Western Ave ; 17h-2h lun-jeu, à partir de 15h ven, à partir de 11h sam-dim ; 49)

Chopin Theatre

THÉÂTRE

18 ✪ Plan p. 90, C5

Si vous recherchez une pièce de théâtre provocante, simplement comique ou alternative, Chopin est l'endroit idéal. Les meilleures troupes de Chicago y jouent fréquemment, telles House Theatre et Theater Oobleck. (773-278-1500 ; www.chopintheatre.com ; 1543 W Division St ; M Ligne bleue, arrêt Division)

Phyllis' Musical Inn

MUSIQUE LIVE

19 ✪ Plan p. 90, C5

Cet ancien bar à polka polonaise est devenu l'un des meilleurs café-concerts du quartier. C'est pile ou face pour la qualité de la musique, mais au moins, ici, on ne manque pas d'initiatives, et les bières sont très abordables. Si le concert ne vous plaît pas, prenez le frais sur le terrain de basket improvisé dans la cour extérieure. (773-486-9862 ; 1800 W Division St ; 16h-2h lun-ven, à partir de 15h sam, à partir de 14h dim ; M Ligne bleue, arrêt Division)

Shopping

Quimby's

LIVRES

20 Plan p. 90, B3

Épicentre du monde des bandes dessinées et des fanzines, Quimby's est l'un des piliers de la culture underground de la ville. On y trouve de tout, des manifestes punk-rock composés au crayon aux romans graphiques habilement exécutés. C'est un bon endroit pour se fournir en souvenirs littéraires ou lectures bizarres. (www.quimbys.com ; 1854 W North Ave ; 12h-21h lun-jeu, 12h-22h ven et sam, 12h-19h dim ; M Ligne bleue, arrêt Damen)

Dusty Groove

MUSIQUE

21 Plan p. 90, C5

Musique soul ancienne génération, percussions brésiliennes, disco hongroise ou hip-hop aux lourdes basses – si ça sonne bien, Dusty Groove (qui a aussi son propre label) l'a en stock. Fouillez dans les piles de vinyles ou de CD de cette minuscule boutique et jetez un coup d'œil dans le pot à dollars. (773-342-5800 ; www.dustygroove.com ; 1120 N Ashland Ave ; 10h-20h ; M Ligne bleue, arrêt Division)

Reckless Records

MUSIQUE

22 Plan p. 90, C4

Vous pourrez écouter tous les disques avant de les acheter dans cet empire de la musique indépendante. Reconnu comme étant le meilleur de Chicago, ce disquaire est au cœur de la musique locale underground. L'endroit est plutôt spacieux et lumineux, et vous chercherez la perle rare avec plaisir. (773-235-3727 ; www.reckless.com ; 1379 N Milwaukee Ave ; 10h-22h lun-sam, 10h-20h dim ; M Ligne bleue, arrêt Damen)

100% Chicago

Una Mae's

La section de Milwaukee Ave, entre North Ave et Wolcott Ave, vous fera découvrir une dizaine de friperies, de boutiques rétro et de magasins de chaussures atypiques. **Una Mae's** (plan p. 90, B4 ; 773-276-7002 ; www.unamaeschicago.com ; 1528 N Milwaukee Ave ; 12h-20h lun-ven, 11h-20h sam, 12h-19h dim ; M Ligne bleue, arrêt Damen) est l'un de nos préférés avec ses articles vintage et ses collections de nouveaux créateurs.

Wicker Park Secret Agent Supply Co

CADEAUX

23 Plan p. 90, C5

Dans cet endroit farfelu, on achète du matériel d'espionnage pour rire : kits de fausses moustaches, amplificateur de voix sous-marines ou encore trousse en forme de banane pour ranger votre téléphone. C'est assez surprenant. Cerise sur le gâteau, le revenu des ventes sert à financer le programme d'alphabétisation et de tutorat organisé sur place par l'association 826CHI. (773-772-8108 ; www.826chi.org ; 1276 N Milwaukee Ave ; 12h-17h dim et lun, 11h-18h mar-sam ; ; M Ligne bleue, arrêt Division)

100% Chicago
Une soirée à Logan Square

Comment y aller

Ⓜ Ligne bleue, arrêt Logan Square (pour le nord de Fullerton Ave) ou California (pour le sud de Fullerton).

Logan Square est devenu le quartier de prédilection pour qui aime les nouvelles adresses tendance. Il reste à la fois un lieu discret et hors des sentiers battus. Le long des boulevards arborés, les œuvres de *street art*, les restaurants étoilés au Michelin (mais sans chichis) et les petits bars conviviaux mettent en avant la couleur locale. Essayez d'arriver tôt pour profiter des boutiques et des galeries.

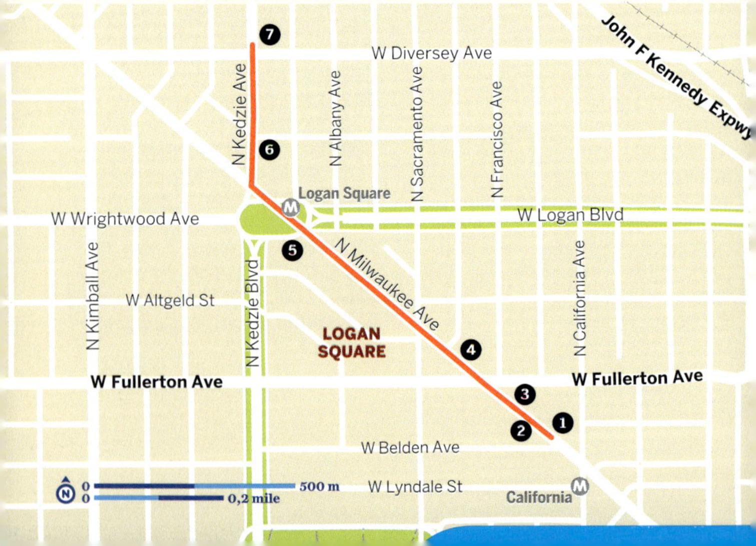

❶ Revolution Brewing

Revolution (www.revbrew.com ; 2323 N Milwaukee Ave ; ⌚11h-2h lun-ven, à partir de 10h sam-dim) est une grande brasserie très animée de style industriel chic qui sert aussi de club-house aux habitants du quartier. Le maître-brasseur est à l'avant-garde et ses bières sont au top. On y sert des pizzas à la figue et pancetta ou des calamars frits.

❷ Cole's

Cole's (www.coleschicago.com ; 2338 N Milwaukee Ave ; ⌚17h30-2h lun-ven, à partir de 16h sam-dim) est un bar de quartier qui propose de bons spectacles gratuits. Les clients viennent faire un billard et avaler une micro-bière du Midwest avant de rejoindre l'arrière-salle avec groupes de musique et DJ. Le mercredi, les soirées comédie *open mic* (scène ouverte) prennent le relais.

❸ Galerie F

Galerie F (www.galerief.com ; 2381 N Milwaukee Ave ; ⌚11h-18h mar-dim) est le type de galerie super-cool qu'on est heureux de trouver à Logan Square. Elle se spécialise en affiches de concert de rock, estampes et *street art*. L'accueil est très chaleureux. Ouvert tard parfois lors des vernissages.

❹ Whistler

Des groupes locaux indépendants et des combos de jazz font vibrer **Whistler** (www.whistlerchicago.com ; 2421 N Milwaukee Ave ; gratuit ; ⌚18h-2h lun-jeu, à partir de 17h ven-dim), sympathique petit bar arty. Pas de droit d'entrée, mais dégustez un cocktail et participez à la rémunération des groupes. En vitrine s'exposent des travaux d'artistes.

❺ Wolfbait & B-girls

D'anciennes tables à repasser servent de panneaux d'affichage : mètres, ciseaux et accessoires de couture pendent à des crochets. On s'en doute, **Wolfbait & B-girls** (www.wolfbaitchicago.com ; 3131 W Logan Blvd ; ⌚10h-19h lun-sam, 10h-18h dim) vend des articles de designers locaux (robes, sacs à main et bijoux).

❻ Longman & Eagle

Le bistro chic **Longman & Eagle** (www.longmanandeagle.com ; 2657 N Kedzie Ave ; plats 15-30 $; ⌚9h-2h dim-ven, 9h-3h sam), une étoile au Michelin, est très agréable pour boire un verre, mais on y viendra plutôt pour dîner. Parmi les plats réconfortants, préparés avec brio et simplicité, un *sloppy joe* (sorte de burger avec sauce) de sanglier, saumon en croûte ou roulade de poulet frit.

❼ Lost Lake

La dernière tendance à Chicago est de se rendre dans un bon bar tiki (rhumerie), tel le **Lost Lake** (www.lostlaketiki.com ; 3154 W Diversey Ave ; ⌚16h-2h dim-ven, 16h-3h sam), qui a ouvert ses portes en 2015. Installez-vous sous le toit en bambou, le long des murs recouverts de feuilles de bananier et dégustez un Mystery Gardenia ou une autre boisson tropicale confectionnée à partir des 275 rhums proposés.

Explorer

Near West Side et Pilsen

Le Near West Side couvre un large secteur, incluant Greektown et le West Loop en plein essor. Ici, restaurants chics, clubs et galeries fleurissent entre les usines de transformation de viande, et il semble que de nouveaux chefs ouvrent des restaurants chaque semaine. À côté, dans Pilsen, la culture mexicaine flirte avec la Chicago bohème, à travers ses panneaux muraux colorés, ses *taquerias* et ses cafés.

L'essentiel en un jour

Ce sera difficile de choisir pour le petit-déjeuner : **Lou Mitchell's** (p. 107) propose ses Milk Duds et est très facile d'accès. **Sweet Maple Cafe** (p. 108) propose ses petits pains et ses gruaux, mais est un peu plus éloigné. Le dernier week-end du mois, **Randolph Street Market** (p. 109) est incontournable.

Prenez le métro pour Pilsen. Le **National Museum of Mexican Art** (p. 106) propose des expositions formidables (et gratuites), alors que sur la 18th St vous découvrirez des boutiques à la mode comme **Knee Deep Vintage** (p. 109) et **Comet Vintage** (p. 109). Elles se partagent le trottoir avec **Don Pedro Carnitas** (p. 107), **La Catrina Cafe** (p. 108) et d'autres établissements mexicains, ainsi que des lieux branchés comme **Dusek's** (p. 107).

Le West Loop est l'un des endroits les plus riches en restaurants pour dîner, mais vous ne serez pas les seuls à vouloir vous y rendre. Tentez de réserver à **Girl and the Goat** (p. 106) ou **Little Goat** (p. 106), ou bien faites la queue à **Avec** (p. 106). Finissez la soirée avec de fines bulles à **RM Champagne Salon** (p. 108).

Pour une journée dans le West Loop, voir p. 102.

100% Chicago

Balade dans le West Loop (p. 102)

Le meilleur du quartier

Se restaurer

Girl and the Goat (p. 106)

Sweet Maple Cafe (p. 108)

Publican Quality Meats (p. 103)

Meli Cafe (p. 107)

Musées et galeries

National Museum of Mexican Art (p. 106)

Mars Gallery (p. 102)

Shopping

Knee Deep Vintage (p. 109)

Pour les enfants

Lou Mitchell's (p. 107)

Comment y aller

M **El** Ligne rose, arrêt 18th St pour Pilsen ; lignes verte ou rose, arrêt Morgan ou Clinton pour le West Loop.

Bus N°19 (express jour de match) et n°20 pour United Center.

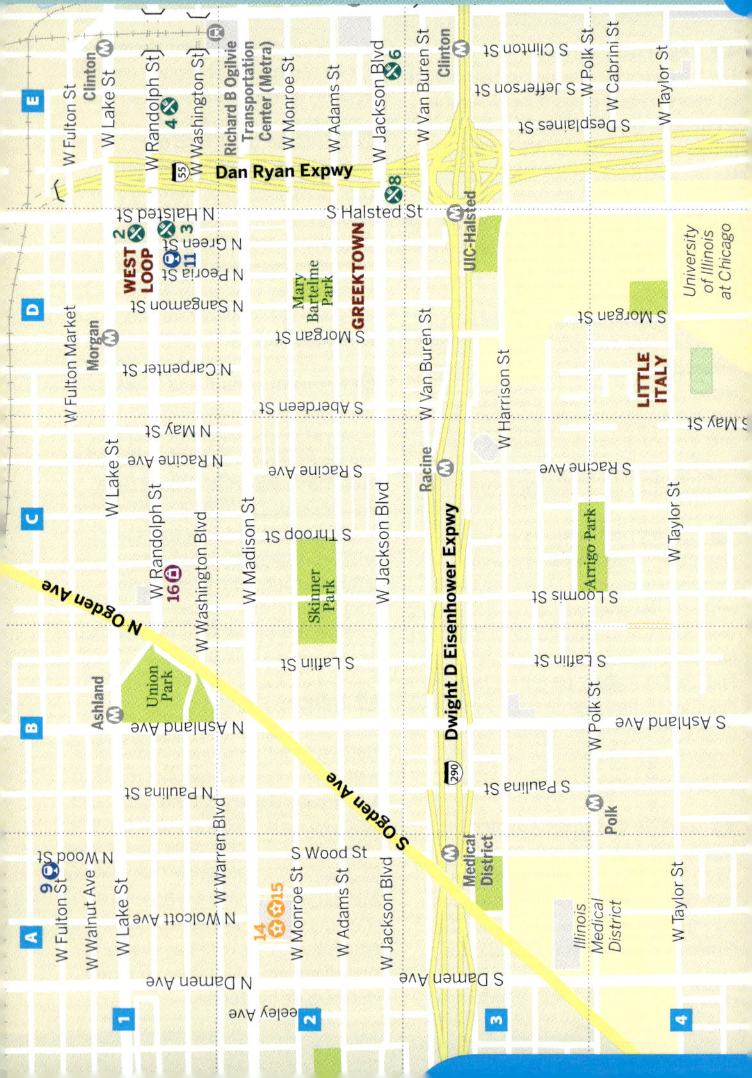
A
B
C
D
E
1
2
3
4
W Fulton St
Clinton
W Lake St
W Randolph St
W Washington St
Richard B Ogilvie Transportation Center (Metra)
W Monroe St
W Adams St
W Jackson Blvd
W Van Buren St
Dan Ryan Expwy
55
S Clinton St
S Jefferson St
S Desplaines St
S Halsted St
N Halsted St
N Green St
N Peoria St
N Sangamon St
N Carpenter St
WEST LOOP
GREEKTOWN
Mary Bartelme Park
S Morgan St
W Fulton Market
Morgan
S Aberdeen St
N May St
N Racine Ave
S Racine Ave
W Lake St
W Randolph St
W Washington Blvd
W Madison St
S Throop St
Skinner Park
W Jackson Blvd
W Van Buren St
Racine
Dwight D Eisenhower Expwy
290
UIC-Halsted
W Harrison St
W Polk St
W Cabrini St
W Taylor St
S Morgan St
LITTLE ITALY
University of Illinois at Chicago
S May St
Arrigo Park
S Loomis St
S Laflin St
S Ashland Ave
N Ashland Ave
Ashland
Union Park
N Ogden Ave
S Ogden Ave
N Paulina St
S Paulina St
Polk
Medical District
N Wood St
S Wood St
W Warren Blvd
N Wolcott Ave
W Walnut Ave
W Fulton St
W Lake St
W Monroe St
W Adams St
W Jackson Blvd
N Damen Ave
S Damen Ave
Illinois Medical District
W Taylor St
Seeley Ave
2
3
4
6
8
9
11
14
15
16

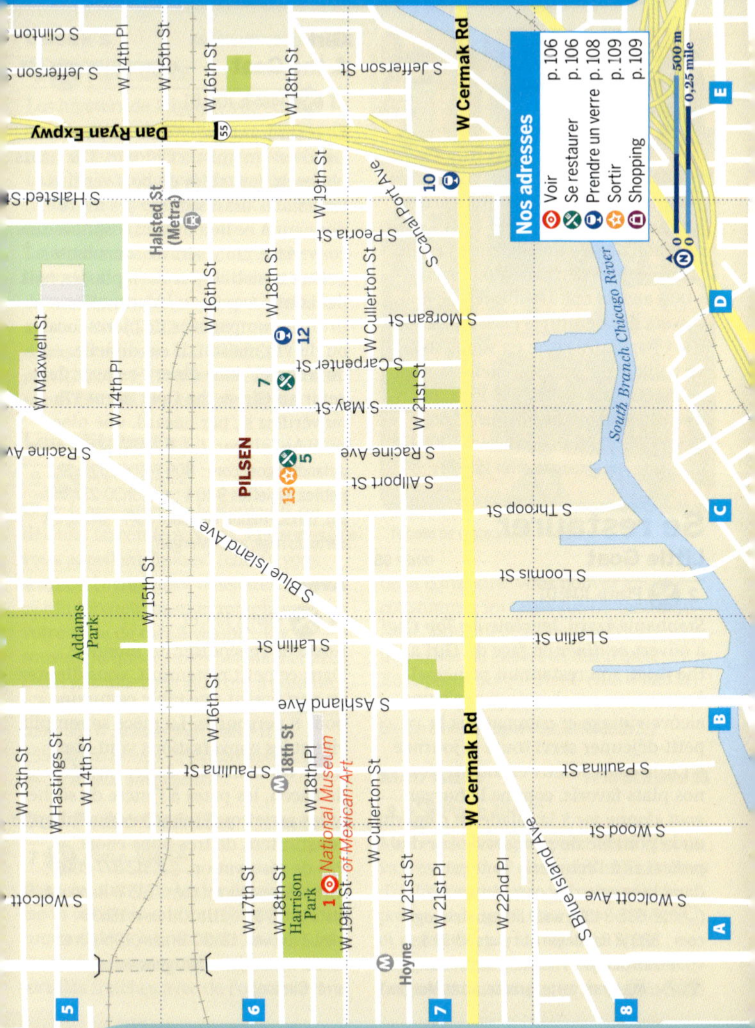
Nos adresses
Voir p. 106
Se restaurer p. 106
Prendre un verre p. 108
Sortir p. 109
Shopping p. 109
500 m
0,25 mile
PILSEN
1 National Museum of Mexican Art
5
7
10
12
13
Harrison Park
Addams Park
South Branch Chicago River
Dan Ryan Expwy
55
Halsted St (Metra)
18th St
Hoyne
W Cermak Rd
S Blue Island Ave
S Canal Port Ave
W 13th St
W Hastings St
W 14th St
W 14th Pl
W Maxwell St
W 15th St
W 16th St
W 17th St
W 18th St
W 18th Pl
W 19th St
W Cullerton St
W 21st St
W 21st Pl
W 22nd Pl
S Wolcott Ave
S Wood St
S Paulina St
S Ashland Ave
S Laflin St
S Loomis St
S Throop St
S Allport St
S Racine Ave
S May St
S Carpenter St
S Morgan St
S Peoria St
S Halsted St
S Jefferson St
S Clinton St
A
B
C
D
E
5
6
7
8

Explorer

South Loop et Near South Side

Dans le sud du Loop, l'incontournable Field Museum et d'autres institutions sont réunis au Museum Campus. La plage paisible de la 12th St et le parc de Northerly Island offrent aux Chicagoens l'occasion d'échapper à la foule. Les immeubles historiques essaiment le quartier, tel le Chess Records, du nom du fameux label de blues. La petite, mais très animée, Chinatown prend également ses quartiers ici.

L'essentiel en un jour

Passez la matinée à Museum Campus et faites votre choix. Le **Field Museum of Natural History** (p. 112) propose de voir dinosaures, momies et pierres précieuses ; le **Planetarium Adler** (p. 116), quant à lui, dispose de télescopes et de films sur les étoiles.

Restez au Museum Campus et explorez dans les environs la **Northerly Island** (p. 116) et la **plage de la 12th Street** (p. 117). Faites le plein d'énergie à **Lou Malnati's** (p. 118). Les fans de blues feront le pèlerinage à **Willie Dixon's Blues Heaven** (p. 117). Pour finir l'après-midi, le *beer garden* de **Spoke & Bird** (p. 119) est une bonne adresse.

Si on est vendredi, samedi ou dimanche, mettez vos chaussures de danse et suivez le rythme des musiques du monde de **SummerDance** (p. 120). Partagez des tapas au convivial **Mercat a la Planxa** (p. 118). Regardez qui joue à **Buddy Guy's Legends** (p. 120), le club emblématique du bluesman et le meilleur dans son genre en ville. Si vous préférez le jazz, rejoignez le **Jazz Showcase** (p. 120) pour un spectacle de haut niveau.

Les incontournables

Field Museum of Natural History (p. 112)

Le meilleur du quartier

Musées et galeries

Adler Planetarium (p. 116)

Museum of Contemporary Photography (p. 116)

Field Museum of Natural History (p. 112)

Musique live

Buddy Guy's Legends (p. 120)

Jazz Showcase (p. 120)

Parcs et jardins

Northerly Island (p. 116)

Comédies et arts de la scène

SummerDance (p. 120)

Sports et activités

Chicago Bears (p. 120)

Comment y aller

M El Ligne rouge, arrêt Harrison et lignes rouge, orange ou verte, arrêt Roosevelt pour le South Loop.

Bus Les bus n°130 (en été) et n°146 (toute l'année) vont à Museum Campus.

Les incontournables
Field Museum of Natural History

Dans le gigantesque Field Museum, on peut s'attendre à voir un peu de tout : coléoptères, momies, pierres précieuses et Bushman le singe empaillé. La star de la collection est Sue, le plus grand T-Rex jamais découvert. Elle fait 4 m de haut, 12,5 m de long et domine le hall principal avec un aplomb féroce. Au-delà, les galeries contiennent quelque 20 millions d'objets en tout genre sous la gouverne d'une équipe de scientifiques chevronnés – le Field restant, en effet, un institut de recherches très actif.

Plan p. 114, C4

312-922-9410

www.fieldmuseum.org

1400 S Lake Shore Dr

Adulte/enfant 18/13 $

9h-17h

146, 130

Réplique de squelette de dinosaure, Field Museum of Natural History

À ne pas manquer

La réserve aux dinosaures

Après la rencontre avec Sue, les amoureux des dinosaures se rendront à l'exposition "Evolving Planet" à l'étage. On y apprend tout sur l'évolution des espèces et l'on peut observer les paléontologues en opération de nettoyage des fossiles. Il y a même un masque qui vous permet de voir à travers les yeux d'un trilobite.

Profusion de momies

"Inside Ancient Egypt" est une autre très bonne exposition qui reproduit une ancienne chambre funéraire égyptienne sur 3 niveaux. La mastaba (tombe), qui contient 23 momies, est une reconstitution de celle bâtie pour Unis-ankh, le fils du dernier pharaon de la Cinquième Dynastie, mort à l'âge de 21 ans en 2407 av. J.-C. L'étage du bas, avec ses pièces sombres tortueuses, est particulièrement intéressant.

Pierres précieuses et animaux empaillés

Parmi les autres salles qui méritent l'attention, on retiendra le Hall of Gems (salle des pierres précieuses) avec ses grenats étincelants, opales, perles et tanzanites au bleu profond (1 000 fois plus rares que les diamants, dont vous verrez une grande quantité). La collection de totems de la côte nord-ouest des États-Unis et des peuples de l'Arctique a commencé avec l'arrivée à Chicago d'artefacts pour l'Exposition universelle de 1893. Telle une sentinelle, au rez-de-chaussée, le plus grand lion mangeur d'hommes jamais chassé (et empaillé) vous toise d'un air impassible. Sont conservés également des insectes, des oiseaux ainsi que Bushman, le célèbre singe grincheux qui a attiré les foules au zoo de Lincoln Park pendant des décennies.

☑ À savoir

- Prenez le billet "Basic" pour voir tout ce qui vient d'être décrit.
- Les billets All Access et Discovery proposent, en plus, des films 3D et l'accès à des expositions spéciales, ce qui peut être un peu étourdissant si vous faites un grand nombre de visites.
- Le musée est immense, il est donc préférable d'organiser votre itinéraire à l'aide du plan fourni à l'accueil.
- Les différentes boutiques de souvenirs valent le détour pour leurs rayons de dinosaures et autres jouets éducatifs.

Une petite faim ?

Partagez une *deep-dish pizza* chez Lou Malnati's (p. 118), l'un des précurseurs du genre. Le *beer garden* à Spoke & Bird (p. 119) est parfait pour déguster des sandwichs et des bières d'origine locale.

Nos adresses
Les incontournables p. 112
Voir p. 116
Se restaurer p. 118
Prendre un verre p. 119
Sortir p. 120
500 m
0,25 mile
Lac Michigan
Lakefront Trail
(promenade au bord du lac)
S Lake Shore Dr
Shedd Aquarium
1
Adler Planetarium
2
E Solidarity Dr
Field Museum of Natural History
E McFetridge Dr
MUSEUM CAMPUS
Grant Park
Hutchinson Field
E Balbo Ave
S Columbus Dr
Courts de tennis
Roosevelt Rd/Museum Campus
E Roosevelt Rd
S Indiana Ave
Webster Park
Museum of Contemporary Photography
Spirit of Music Garden
S Michigan Ave
E Van Buren St
E Congress Pkwy
E Harrison St
Harrison
E 8th St
E 9th St
E 11th St
Roosevelt
CENTRAL STATION
E 13th St
E 14th St
S Holden Ct
S State St
SOUTH LOOP
S Plymouth Ct
S Dearborn St
W 9th St
S Federal St
DEARBORN PARK
W Van Buren St
W Harrison St
W Polk St
S Clark St
W Roosevelt Rd
Jones Park
4
8
15
7
16
14
9
41

Street Beach
Northerly Island
3 Northerly Island
S Lynn White Dr
Burnham Harbor
Museum Campus Dr
E Waldron Dr
17
Ft Dearborn Dr
S Lake Shore Dr
41
Burnham Park
18th St (Metra)
S Calumet Ave
S Martin Luther King Jr Dr
S Prairie Ave
12
Chicago Women's Park
S Indiana Ave
PRAIRIE AVENUE HISTORIC DISTRICT
S Michigan Ave
13
5 Willie Dixon's Blues Heaven
E Cullerton St
E 21st St
E Cermak Rd
S Wabash Ave
E 16th St
E 18th St
E 23rd St
E 24th St
S State St
18
Cotton Tail Park
W 15th St
W 16th St
W 17th St
W 19th St
S Archer Ave
CHINATOWN
W 23rd St
S Federal St
S Clark St
Cermak-Chinatown
10
11
A
B
C
D
E
5
6
7
8

de Northerly Island, vous pouvez l'entendre en restant tranquillement assis ici. (www.cpdbeaches.com ; 1200 S Linn White Dr ; 146, 130)

Se restaurer

Lou Malnati's

PIZZA $

7 Plan p. 114, A2

Lou Malnati's est l'un des précurseurs de la *deep-dish pizza*. En fait, il déclare avoir inventé cette spécialité bien que cela reste une querelle sans fin avec ses concurrents. Sa délicieuse et fameuse pâte préparée au beurre fait néanmoins l'unanimité. Les personnes allergiques au gluten pourront commander la croûte à la saucisse (uniquement de la viande, pas de pâte). Le restaurant possède plusieurs établissements en ville. (312-786-1000 ; www.loumalnatis.com ; 805 S State St ; petites pizzas à partir de 12 $; 11h-23h dim-jeu, 11h-minuit ven-sam ; M Ligne rouge, arrêt Harrison)

Mercat a la Planxa

ESPAGNOL $$$

8 Plan p. 114, B2

Ce restaurant de tapas et de fruits de mer d'influence barcelonaise vous accueille dans une vaste salle conviviale où la lumière est diffusée par de grandes fenêtres, du sol au plafond. Le lauréat de *Iron Chef*, Jose Garces cuisine les spécialités de Catalogne et instille une atmosphère festive, à grand renfort de *cava* (vin pétillant) et de sangria. Le restaurant est situé dans le Blackstone Hotel, bâtiment de style Beaux-Arts. (312-765-0524 ; www.mercatchicago.com ; 638 S Michigan Ave ; tapas 10-17 $, menus dégustation à partir de 65 $; 6h30-22h lun-jeu, 6h30-23h ven, 7h-23h sam, 7h-22h dim ; M Ligne rouge, arrêt Harrison)

Yolk

PETIT-DÉJEUNER $

9 Plan p. 114, B3

Dans ce joyeux *diner*, vous goûterez à l'un des meilleurs petits-déjeuners du South Loop. Les omelettes sont copieuses (l'Iron Man est composée de blanc d'œuf et de quantités de légumes et d'avocat). Les amoureux du sucré se délecteront de pain perdu confectionné avec des brioches à la cannelle et de crêpes fourrées à la pêche et arrosées de sirop. (312-789-9655 ; www.eatyolk.com ; 1120 S Michigan Ave ; plats 10-14 $; 6h-15h lun-ven, 6h-7h sam et dim ; ; M Lignes rouge, orange ou verte, arrêt Roosevelt)

Sweet Station

CHINOIS $

10 Plan p. 114, A7

Rejoignez la foule des jeunes Asiatiques branchés qui se pressent à Sweet Station dans Chinatown Sq. Glissez-vous dans une banquette, jetez un coup d'œil au téléviseur à écran plat, et découvrez tranquillement l'imposant menu. Un choix de plats internationaux vous est proposé, depuis le sandwich au porc à la portugaise aux spaghettis cuisinés façon Hong Kong en passant par le tofu au curry, le pot-au-feu de Sichuan et le classique pain perdu français ! Ouvert tard. (312-842-2228 ; www.mysweetstation.com ; 2101 S China Pl ; plats 5-10 $; 8h-4h lun-jeu, 24h/24 ven-sam, 8h-2h dim ; M Ligne rouge, arrêt Cermak-Chinatown)

Joy Yee's Noodle Shop
ASIATIQUE $

11 Plan p. 114, A7

On fait la queue devant ce café tout en couleur de Chinatown Sq pour ses thés à la perle saturés de fruits frais. Faites-vous plaisir et prenez-en pour le dessert après un bol d'*udon*, de *chow fun* (pâtes de riz) ou de chow mein. (312-328-0001 ; www.joyyeechicago.com ; 2139 S China Pl ; plats 9-15 $; 11h-22h30 ; ; M Ligne rouge, arrêt Cermak-Chinatown)

Prendre un verre

Spoke & Bird
CAFÉ

12 Plan p. 114, B6

Le South Loop a enfin son patio arboré. Bonus, il est entouré par plusieurs anciens manoirs du Prairie Avenue Historic District. Détendez-vous avec une bière brassée localement (de fait, dans la même rue) et avec des plats à petits prix comme le muffin au panais sucré ou le sandwich à l'agneau grillé. (www.spokeandbird.com ; 205 E 18th St ; 7h-18h ; ; 1)

Vice District Brewing
MICROBRASSERIE

13 Plan p. 114, B5

Vice District est ouvert depuis 2014 et il est devenu un incontournable dans le quartier. La grande buvette industrielle-chic est parfaite pour une pinte de *black IPA* ou de bière *bitter ale* anglaise. Beaucoup s'arrêtent pour un verre avant les matchs des Bears. La microbrasserie n'est pas très loin de Soldier Field et elle ouvre tôt – 11h – les dimanches de matchs. (www.vicedistrictbrewing.com ; 1454 S Michigan Ave ; 16h-23h mar-jeu, 16h-1h ven, 12h-1h sam, 14h-21h dim ; M Lignes verte, orange ou rouge, arrêt Roosevelt)

> À savoir
>
> **Concerts de blues gratuits**
>
> **Buddy Guy's Legends** (p. 120) propose des concerts acoustiques gratuits pour tous les âges, de 12h à 14h du mercredi au dimanche. À écouter pendant le déjeuner (le club se double d'un restaurant cajun) ou en prenant un verre au bar. On peut également assister à des concerts de blues gratuits dans le jardin attenant au **Willie Dixon's Blues Heaven** (p. 117), les jeudis à 18h en été.

Kasey's Tavern
PUB

14 Plan p. 114, A2

Kasey's est un pub sympathique qui attire aussi bien des étudiants et des artistes des universités voisines que des habitants du quartier et des fans de sports. Il y en a pour tout les goûts sur l'immense carte de bières, et chacun lève son verre le long du grand bar en bois. Une rangée d'écrans plats diffuse en continu des matchs d'événements sportifs. (www.kaseystavern.com ; 701 S Dearborn St ; 11h-2h ; M Ligne rouge, arrêt Harrison)

100% Chicago

SummerDance

Pour danser avec une faune locale cosmopolite, rendez-vous au Spirit of Music Garden, dans Grant Park, pour **SummerDance** (plan p. 114, B2 ; www.chicagosummerdance.org ; 601 S Michigan Ave ; accès gratuit ; 18h-21h30 ven-sam, 16h-19h dim fin juin à mi-sept ; M Ligne rouge, arrêt Harrison). Les groupes jouent de la rumba, samba et autres musiques du monde et des cours de danse sont organisés avant les concerts– tout ça gratuitement. Aucune compétence particulière n'est requise.

Sortir

Buddy Guy's Legends — BLUES

15 Plan p. 114, B2

Les meilleurs musiciens locaux et nationaux jouent sur la scène de l'icône locale Buddy Guy (entrée 10 $, ven et sam 20 $). La star elle-même branche sa guitare pour des représentations, habituellement en janvier (vente des billets à partir de novembre). Le quartier autour est un peu agité, mais les concerts sont vraiment excellents. (www.buddyguy.com ; 700 S Wabash Ave ; 17h-2h lun-mar, 11h-2h mer-ven, 12h-3h sam, 12h-2h dim ; M Ligne rouge, arrêt Harrison)

Jazz Showcase — JAZZ

16 Plan p. 114, A2

Le Jazz Showcase, installé dans une superbe salle de l'ancienne gare historique Dearborn Station, est l'un des meilleurs clubs accueillant de grands noms de la scène nationale. En général, les musiciens locaux occupent les lieux du lundi au mercredi tandis que les jazzmen de tout le pays se produisent du jeudi au dimanche. (www.jazzshowcase.com ; 806 S Plymouth Ct ; à partir de 20h lun-sam, à partir de 16h dim ; M Ligne rouge, arrêt Harrison)

Chicago Bears — FOOTBALL AMÉRICAIN

17 Plan p. 114, C5

Les Bears, l'équipe de la NFL de Chicago, joue à Soldier Field, un stade ressemblant vaguement à une soucoupe volante ! Attendez-vous à des matchs imprégnés de bières, de neige et de grésil. La saison s'échelonne de septembre à janvier. Si vous ne pouvez pas obtenir de billets, rejoignez l'un des bars du sud du Loop pour regarder le match. (www.chicagobears.com ; 1410 S Museum Campus Dr ; 146, 128)

Reggies Rock Club — MUSIQUE LIVE

18 Plan p. 114, A7

Concerts punk et d'autres musiques qui plairont à tous. Graffitied Reggies invite principalement des groupes de hard au Rock Club. À côté, Reggies Music Joint s'ouvre à une clientèle jeune et propose en live de la musique plus actuelle le soir. Très original : Reggies affrète des bus pour se rendre aux matchs des White Sox, des Bears et autres équipes de la ville. (312-949-0121 ; www.reggieslive.com ; 2109 S State St ; 11h-2h ; M Ligne verte, arrêt Cermak-McCormick Pl)

Comprendre

Les sons de Chicago

Blues

Le style musical le plus connu de Chicago s'habille d'une seule couleur : le bleu. Après la Grande Migration des Africains-Américains depuis le Sud rural, les bluesmen du Delta ont investi les coins de rue de Chicago et les marchés de Maxwell St pendant les années 1930. C'est à ce moment-là que Robert Johnson a enregistré la première version de "Sweet Home Chicago". Ce qui distingue le style de Chicago du morceau original de Johnson tient en un seul mot : le volume. Le blues de Chicago se définit par des guitares branchées à des amplis. Muddy Waters et Howlin' Wolf ont été les premiers à créer ce nouveau son. Les bluesmen des années 1950 et 1960 comme Willie Dixon, Junior Wells et Elmore James, et plus tard de grands noms comme Buddy Guy, Koko Taylor et Otis Rush, sont devenus des stars du blues.

House

L'autre genre musical qui s'est exporté hors de Chicago est né au début des années 1980 au Warehouse, club (disparu) du West Loop. Le DJ Frankie Knuckles, lassé de passer du disco, décida de le mixer avec des samples d'électro européenne et des sons créés à partir d'une nouvelle invention, la boîte à rythmes. C'est ainsi que la *house music* est née (d'après le nom du club de Knuckles). Peu intéressés par le réseau des radios commerciales, les DJ créaient des morceaux utilisant des *bass beats* profonds et des samples pour faire danser la foule dans les clubs. Les DJ de house comme Derrick Carter and Larry Heard ont révolutionné le genre et des stars de la seconde vague comme Felix Da Housecat, DJ Sneak et l'artiste d'acid-house Armando ont diffusé le style de Chicago dans le monde entier.

Jazz et rock

La Grande Migration a aussi fait de la ville un foyer du jazz, notamment dans les années 1920. Louis Armstrong et Earl "Fatha" Hines faisaient partie du groupe maison du célèbre club Sunset Cafe à Bronzeville (désormais un magasin, mais beaucoup d'éléments originaux du club y demeurent intacts). Chicago reste encore aujourd'hui un pôle actif et avant-gardiste. Dans les dernières décennies, la communauté du rock *underground* a pris sa place dans la ville. Les maisons de disques comme Touch and Go, Bloodshot et Thrill Jockey ont fleuri dans les années 1980 et 1990, et Chicago est devenu une plaque tournante du post-rock, de la country alternative et des groupes au gros son. Les rois actuels de Chicago sont encore (ça se discute) Wilco.

100% Chicago
Une journée studieuse à Hyde Park

Comment y aller

Bus n°10 depuis Michigan Ave jusqu'au Museum of Science & Industry aux heures d'ouverture du musée ; sinon le bus n°6 depuis State St.

Metra Electric Line, depuis l'arrêt Millennium du Loop, jusqu'aux arrêts 51st-53rd ou 55th-56th-57th.

L'université de Chicago et ses imposants bâtiments de style gothique dominent Hyde Park. Au fil des années, enseignants et étudiants émérites ont récolté plus de 80 prix Nobel dans ces lieux sacrés ! Une visite s'impose donc dans ses librairies et ses musées studieux. Pour un bon équilibre, vous trouverez aussi des petits bars de quartier pleins de cachet et un supplément d'âme dans les cafés-restaurants.

❶ 57th Street Beach

Juste de l'autre côté du Lake Shore Dr en face du Museum of Science & Industry, **57th Street Beach** (www.cpdbeaches.com ; 5700 S Lake Shore Dr) est un agréable banc de sable où familles et étudiants viennent profiter de la plage. Les surfeurs prétendent que les meilleures vagues se trouvent ici.

❷ Museum of Science & Industry

Le **Museum of Science & Industry** (www.msichicago.org ; 5700 S Lake Shore Dr ; adulte/enfant 18/11 $; 9h30-17h30 juin-août, heures réduites sept-mai), prisé des geeks, abrite la plus grande collection scientifique de l'hémisphère Ouest. Parmi les curiosités : un sous-marin allemand (9 $ supp) et la simulation d'une tornade aux "Science Storms".

❸ Powell's

À la librairie de livres d'occasion **Powell's** (www.powellschicago.com ; 1501 E 57th St ; 9h-23h), on peut vous trouver n'importe quel ouvrage ou presque. Les immenses étagères contiennent les livres dans un ordre impeccable. Des caisses de livres gratuits sont à disposition près de l'entrée.

❹ Robie House

Superbe, **Robie House** (www.flwright.org ; 5757 S Woodlawn Ave ; adulte/enfant 17/14 $; 10h30-15h jeu-lun) est le chef-d'œuvre de style Prairie de Frank Lloyd Wright. On peut admirer les 174 fenêtres et portes vitrées lors de visites guidées d'une heure (horaires variables).

❺ Seminary Co-op Bookstore

Dans la remarquable librairie **Seminary Co-op Bookstore** (www.semcoop.com ; 5751 S Woodlawn Ave ; 8h30-20h lun-ven, 10h-18h sam, 12h-18h dim), vous pourriez rencontrer un, voire plusieurs, prix Nobel. Les étudiants apprécient beaucoup cet endroit.

❻ Jimmy's Woodlawn Tap

Jimmy's Woodlawn Tap (1172 E 55th St ; 10h30-2h lun-ven, à partir de 11h sam-dim) est un bar sombre et un peu passé de mode, mais pour les milliers d'étudiants de l'université de Chicago, celui-ci fait office de maison. Les Swissburgers sont légendaires.

❼ Valois Cafeteria

La clientèle du **Valois** (1518 E 53rd St ; plats 5-11 $; 5h30-22h) est d'une grande diversité socio-économique ; un professeur de sociologie en a même fait un livre, *Slim's Table*. Le poisson-chat cuisiné à la mode du Sud, les petits pains et les pâtés en croûte attirent les fans – même Barack Obama y prenait ses repas quand il habitait à côté.

❽ Promontory

Le **Promontory** (www.promontorychicago.com ; 5311 S Lake Park Ave) est la salle de concert la plus en vogue de Hyde Park. De style rustique et arborant de larges fenêtres, elle accueille fréquemment des musiciens de jazz, soul et funk ainsi que des DJ. S'il n'y a pas de concert, on peut quand même prendre un verre de vin au bar et grignoter un sandwich aux légumes grillés.

Chicago
selon ses envies

Les plus belles balades

Envie de...

Cloud Gate (2004) d'Anish Kapoor (p. 25)

Les plus belles balades

Gratte-ciel et street art

La balade

Les gratte-ciel sont partout – et tout ça grâce à la vache de Mrs O'Leary, celle-là même qui a renversé la lanterne à l'origine du Grand Incendie de 1871, qui a permis l'émergeance de nouvelles constructions. Aujourd'hui, d'étonnantes œuvres d'art public complètent ce tableau. Cette balade passe par le meilleur du Loop : gratte-ciel vertigineux, icônes architecturales Art déco, Flamingo ("flamant") rose et Bean ("haricot") étincelant, sans oublier le cabinet du dentiste d'Al Capone.

Départ Daley Plaza ; ligne bleue, jusqu'à Washington

Arrivée Willis Tower ; lignes marron, orange, violette ou rose, jusqu'à Quincy

Distance et durée 2 km ; 1 heure

Une petite faim ?

Prenez des forces en dégustant un verre de vin et un somptueux dessert au Seven Lions, dans un cadre aux airs de club-house (p. 36).

GHORNEPHOTO/GETTY IMAGES ©

La Willis Tower (p. 30) vue depuis Lake Shore Drive

❶ Sculpture de Picasso (sans titre)

Untitled ("sans titre") est une œuvre en métal de 1967 qui se dresse sur la Daley Plaza. On pense qu'il s'agit d'une tête de femme, mais Picasso a également fait des croquis de son chien qui sont très ressemblants. N'hésitez pas à grimper sur la sculpture.

❷ Reliance Building

À l'angle de State St et de Washington St se dresse le **Reliance Building** (années 1890), abritant le très chic Hotel Burnham. Sa charpente légère en fait l'ancêtre du gratte-ciel moderne. Le dentiste d'Al Capone officiait dans ce qui est aujourd'hui la chambre n°809.

❸ Chicago Cultural Center

Datant de 1897, le **Chicago Cultural Center** (p. 34) est une merveille de style Beaux-Arts. Des photos sont exposées dans la Landmark Gallery. Les 72 clichés en noir et blanc montrent des édifices renommés, dont plusieurs ont été démolis.

❹ The Bean

Dans le Millennium Park, admirez le **Cloud Gate**, une sculpture argentée de l'artiste Anish Kapoor surnommée "the Bean" ("le haricot"). Tout le monde se presse pour regarder les reflets de la ville dans ses courbes.

❺ Art Institute of Chicago

L'**Art Institute** (p. 28) est l'un des sites les plus visités à Chicago – les lions en bronze (1894) installés devant l'édifice sont devenus des mascottes de la ville. Ils conservent leur maintien royal même lorsque le musée les coiffe de casques des Black Hawks pendant les championnats de hockey.

❻ Flamingo

Le **Flamingo** stylisé d'Alexander Calder confère un peu de couleur et de relief au Kluczynski Building, le gratte-ciel noir monolithique du célèbre architecte Ludwig Mies van der Rohe qui se dresse en toile de fond. Le "flamant" est composé de 50 tonnes d'acier rouge.

❼ Chicago Board of Trade

Le **Board of Trade** (bourse) est un bijou Art déco de 1930. À l'intérieur, les courtiers négocient marchés à terme et *stock options*. Une statue de Céres, la déesse de l'Agriculture, se dresse au sommet de l'édifice de 45 étages.

❽ Willis Tower

La **Willis Tower** (p. 30), le plus haut gratte-ciel de Chicago, atteint 492 m. Montez jusqu'au Skydeck du 103e étage pour admirer la ville d'en haut.

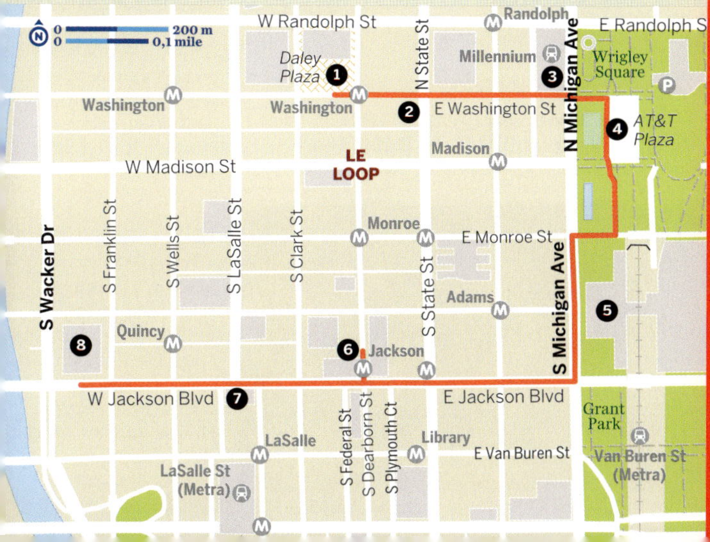

Les plus belles balades

Manoirs, plages et espaces verts

La balade

Si la Gold Coast et le Lincoln Park figurent parmi les secteurs les plus huppés de Chicago, il n'en a pas toujours été ainsi. Le premier était autrefois un marais, le second un cimetière (vers 1865). Tout a changé avec l'ouverture de la Lake Shore Drive et la construction, par Bertha et Potter Palmer, d'un manoir. Les habitants fortunés de Chicago ont commencé à affluer et le parc est devenu un lieu à la mode (après que le cimetière eut été déplacé). Cette balade explore le passé et le présent du quartier.

Départ Original Playboy Mansion ; ligne rouge, jusqu'à Clark/Division

Arrivée Caldwell Lily Pool ; bus n°151

Distance et durée 5 km ; 2 heures 30

Une petite soif ?

Le **Patio at Cafe Brauer** (312-507-9053 ; 2021 N Stockton Dr ; plats 8-12 $; 11h-21h lun-jeu, à partir de 8h30 ven-dim), près du zoo du South Pond.

Lincoln Park Zoo (p. 72)

1 Original Playboy Mansion

Hugh Hefner a cultivé l'art de la fête en pyjama de soie dans cette **maison de maître** (p. 63) de 1927. Le bâtiment abrite désormais des appartements privés. Ce qui n'empêche pas d'imaginer les fêtes débridées organisées par le créateur de Playboy...

2 Astor Street

Parcourez un *block* vers l'est jusqu'à **Astor Street**. Cette rue porte le nom de John Jacob Astor, qui était, à sa mort, en 1848, l'un des plus riches citoyens des États-Unis. Il ne vécut pourtant jamais dans cette rue. Plusieurs maisons de maître du début du XXe siècle se trouvent entre les *blocks* n°1300 et n°1500.

3 Charnley-Persky House

Alors qu'il travaillait encore pour le célèbre architecte Louis Sullivan, Frank Lloyd Wright (âgé de 19 ans) a dessiné la **Charnley-Persky House**. Achevée en 1892, elle est aujourd'hui le siège de la Society of Architectural Historians.

❹ North Avenue Beach

Traversez le parc direction nord-est (dépassez les vélos en libre service, puis dirigez-vous vers le passage souterrain) pour rejoindre **North Avenue Beach** (p. 72). C'est la plage de sable la plus prisée de Chicago. La courte balade sur la digue offre une vue splendide de la ville.

❺ Nature Boardwalk

De la plage, traversez le pont piétonnier pour revenir dans le Lincoln Park. Découvrez le **Nature Boardwalk**, un sentier de 800 m traversant le marais du South Pond.

❻ Lincoln Park Zoo

Flânez vers le nord à travers le **zoo** (p. 72) gratuit, qui divertit les habitants depuis près de 150 ans. On y voit notamment des zèbres, des macaques japonais et des rhinocéros.

❼ Lincoln Park Conservatory

Continuez vers le nord jusqu'au **conservatory** (jardin d'hiver ; p. 72). Cette belle serre de 1891 abrite fougères, orchidées et palmiers. En hiver, elle offre un doux refuge pour échapper au vent glacial.

❽ Caldwell Lily Pool

Le **Caldwell Lily Pool** se cache sur un lopin de terre au nord-est du jardin d'hiver. Ce ravissant bassin aux nénuphars, à l'écart de la foule, s'agrémente de constructions en pierre de style Prairie, et accueille tortues et libellules.

Envie de... Architecture

Le Grand Incendie de 1871 a déclenché une révolution architecturale à Chicago. Daniel Burnham, l'un des éminents architectes de l'époque, l'a résumé en une célèbre formule : "Ne faites pas de petits projets, ils sont incapables de vous pousser à l'action... faites de grands projets." Depuis lors, Chicago est une pépinière de gratte-ciel.

Les architectes à connaître

En matière d'architecture, Louis Sullivan fut le père fondateur de Chicago, créant des gratte-ciel révolutionnaires à charpente métallique. Frank Lloyd Wright, un étudiant de Sullivan, donna au style Prairie une renommée mondiale. Daniel Burnham est, quant à lui, l'auteur du plan éponyme qui préserva le littoral de Chicago, tandis que Ludwig Mies van der Rohe est réputé pour son esthétique minimaliste, et pour les formes épurées qui ont donné naissance aux gratte-ciel modernes. Enfin, Jeanne Gang est actuellement l'architecte star de la ville. Ses constructions modernes évoquant des motifs naturels fleurissent un peu partout.

Conservation du patrimoine

La Chicago Architecture Foundation – qui propose d'excellentes visites guidées et abrite une belle boutique de souvenirs – est née des efforts de conservation fournis dans les années 1960 pour sauver une demeure du South Loop. Beaucoup d'autres bâtiments ont cependant été démolis, le plus célèbre étant le Stock Exchange Building. On peut encore admirer son arche, qui a échappé à la démolition, devant l'Art Institute (côté nord-est). Plusieurs organismes ont vu le jour depuis pour protéger le patrimoine architectural de Chicago.

AQUA TOWER, STUDIO GANG ARCHITECTS.

☑ Bons plans

- Pour découvrir l'architecture de la ville, le personnel de la Chicago Architecture Foundation recommande le *Pocket Guide to Chicago Architecture* de Judith Paine McBrien, ou encore *A View from the River*, un ouvrage sur les bâtiments que l'on aperçoit durant les circuits en bateau.
- La chaîne de TV publique locale propose un circuit (audiotour gratuit) sur l'architecture du Loop : cliquez sur interactive.wttw.com/loop.

Gratte-ciel

Willis Tower Montez au 103e étage du plus haut bâtiment de Chicago, puis regardez dans le vide par le sol vitré de la corniche. (p. 30)

360° Chicago Gagnez les cieux à l'observatoire (94e étage) et dans le lounge (96e étage) de la 4e plus haute tour de Chicago. (p. 56)

Tribune Tower Cette tour néogothique est incrustée de petites pierres du Taj Mahal, du Parthénon et de bien d'autres édifices célèbres. (p. 48)

Marina City Ces deux tours aux faux airs d'épis de maïs semblent tout droit sorties d'un dessin animé. (p. 48)

Water Tower L'unique édifice du centre-ville ayant survécu au Grand Incendie de 1871 était déjà à son époque une sorte de gratte-ciel. (p. 62)

Style Prairie

Robie House Les avant-toits de faible hauteur et les lignes gracieuses du chef-d'œuvre de Frank Lloyd Wright ont fait des émules partout dans le monde. (p. 123)

Rookery Frank Lloyd Wright a rénové l'atrium, qu'il a rendu très lumineux et doté d'escaliers "flottants". (p. 34)

Style Beaux-Arts

Chicago Cultural Center Plafonds dorés, opulents murs en marbre et mosaïques en nacre décorent les salles. (p. 34)

Museum of Science & Industry Un classique, le palais des Beaux-Arts de l'Exposition universelle de 1893. (p. 123)

Manoirs

Driehaus Museum Manoir du Gilded Age ("âge doré"), sur 3 splendides niveaux, faisant la part belle aux arts décoratifs et aux vitraux. (p. 48)

Original Playboy Mansion Hugh Hefner et ses Playboy Bunnies ne manquaient pas une occasion de faire la fête dans cette splendeur de la Gold Coast. (p. 63)

Cyrus McCormick Mansion Manoir néoclassique du début du XXe siècle datant de l'époque où Astor St était la "rue des millionnaires". (p. 62)

Vaut le détour

Frank Lloyd Wright Home & Studio (☎ 312-994-4000 ; www.flwright.org ; 951 Chicago Ave ; adulte/enfant/appareil-photo 17/14/5 $; ⏲ 10h-16h). Dans le faubourg d'Oak Park, la maison-atelier que l'architecte occupa de 1889 à 1909 se prête à une fascinante visite d'une heure. Elle est facilement accessible depuis le centre-ville par la ligne verte du métro.

Envie de... Cuisine

Chicago est devenue un haut lieu de la gastronomie. Toutefois, même les restaurants les plus en vogue conservent une âme de pub et pratiquent des prix abordables. Comme le coût de la vie est moins élevé que dans d'autres grandes villes américaines, les chefs inventifs y affluent. Soyez prêt : du menu de cuisine moléculaire aux *deep-dish pizzas*, Chicago met les petits plats dans les grands.

Spécialités locales

Deux classiques : la *deep-dish pizza*, avec sa croûte bien épaisse et sa garniture fondante, et le hot dog de Chicago (saucisse de Francfort recouverte d'oignons, de tomates, de laitue émincée, de poivrons, de piments doux et de *relish* sucrée, sans ketchup). Enfin, il y a les sandwichs italiens au bœuf épicé et juteux, que l'on ne trouve qu'à Chicago.

Dans la rue

Les meilleurs chefs de Chicago officient dans Randolph St, dans le West Loop. Les tables en terrasse des bistrots et des cafés investissent Division St à Wicker Park. Et les *taquerias* mexicaines ne manquent pas dans 18th St à Pilsen.

Les chefs à connaître

Le chef superstar Rick Bayless est partout : à la TV, aux fourneaux de la Maison Blanche et à ceux de Xoco (p. 49), l'un de ses nombreux restaurants. Spécialiste de la cuisine moléculaire, on trouve Grant Achatz à l'Alinea (p. 73). Stephanie Izard (la première femme à remporter *Top Chef*) dirige Girl and the Goat (p. 106), Little Goat (p. 106) et d'autres adresses. Natif de Chicago, le turbulent Paul Kahan est à la tête d'Avec (p. 106) et de Dove's Luncheonette (p. 92).

À savoir

- Pensez à réserver dans les restaurants de catégorie moyenne et supérieure, surtout le week-end.
- On peut réserver en ligne dans de nombreux restaurants via OpenTable (www.opentable.com).
- LTH Forum (www.lthforum.com), une plateforme Internet locale, donne de judicieux conseils.

Fins gourmets

Longman & Eagle Taverne de style bohème chic, étoilée au Michelin, pour le petit-déjeuner, le déjeuner ou le dîner. (p. 99)

Girl & the Goat Une ambiance tendance et des plats mettant en vedette la viande de chèvre. (p. 106)

Alinea Cuisine moléculaire concoctée dans l'un des meilleurs restaurants du monde. (p. 73)

Publican Quality Meats Sandwichs à la viande de bœuf arrivant tout droit du billot du boucher. (p. 103)

Restaurants bon marché

Dove's Luncheonette Plats Tex-Mex à savourer assis à un comptoir rétro. (p. 92)

Xoco La cuisine de rue mexicaine du célèbre chef Rick Bayless. (p. 49)

Irazu L'unique restaurant costaricain de Chicago propose des plats traditionnels et épicés. (p. 93)

Pizzas

Giordano's Des *deep-dish pizzas* encore plus énormes que d'habitude. (p. 50)

Pequod's Pizza Sauce sucrée et fromage caramélisé. (p. 74)

Pizano's D'excellentes pizzas à pâte fine, en plus de la traditionnelle *deep-dish*. (p. 36)

Hot dogs

Hot G Dog Des saucisses de toutes sortes, et le classique hot dog de Chicago également. (p. 87)

Wiener's Circle Des hot dogs de Chicago, des frites au cheddar fondu et des employés au langage fleuri. (p. 74)

Brunchs

Sweet Maple Cafe Pains briochés et pancakes à la banane tout chauds. (p. 108)

Big Jones Plats de La Nouvelle-Orléans et du Lowcountry de Caroline du Sud. (p. 87)

Meli Cafe Fromage de chèvre et omelettes aux figues à Greektown. (p. 107)

Flo Après une soirée arrosée, les hipsters adorent manger des *burritos* au petit-déjeuner. (p. 94)

Restaurants de quartier

Hopleaf Les habitants se pressent ici pour les moules, les frites et les bières (200 variétés). (p. 87)

Ruxbin Minuscule adresse où des chefs passionnés concoctent d'astucieux repas. (p. 92)

Cuisine végétarienne

Mana Food Bar Restaurant végétarien huppé proposant des plats du monde entier. (p. 93)

Handlebar Le repaire des coursiers à vélo ; nombreux plats végétariens. (p. 94)

Native Foods Cafe Enseigne de la chaîne nationale de fast-foods végétaliens haut de gamme installée dans le Loop. (p. 38)

Douceurs

Hendrickx Belgian Bread Crafter Gaufres et croissants au chocolat noir. (p. 64)

La Fournette Macarons aux couleurs de l'arc-en-ciel, et baguettes croustillantes. (p. 74)

Envie de... Sports et activités

Le sport est une vraie passion à Chicago, et les supporters des équipes professionnelles sont motivés. Si les citadins adorent assister aux matchs, ils aiment aussi se dépenser physiquement. Entre les pourtours du lac, les 26 plages et les 580 parcs, les occasions de bouger sont pléthoriques. Après l'hiver rigoureux, tout le monde ne rêve que de profiter du plein air.

Lakefront Trail et plages

Le Lakefront Trail, chemin plat d'une trentaine de kilomètres, dessine un magnifique tracé au bord de l'eau – par beau temps, joggeurs et cyclistes l'investissent en masse. Il relie également les plages de la ville. En été, des maîtres-nageurs patrouillent sur le sable. Bien que l'eau soit froide, la baignade y est très prisée.

Matchs

Chicago Cubs Rien de mieux qu'une journée au Wrigley Field, sur les gradins ensoleillés, une bière à la main. (p. 85)

Chicago Bears Il y a du monde... pour supporter l'équipe locale de football américain. (p. 120)

Plages

North Avenue Beach L'heure est à la fête au *beach house* et sur les terrains de volley. (p. 72)

Oak Street Beach Une plage de sable grande comme un mouchoir de poche, à l'ombre des gratte-ciel. (p. 62)

Balades guidées

Bobby's Bike Hike Excellents circuits pour les enfants, et pour les amateurs de bière et de pizza. (p. 149)

Bike Chicago Autres circuits intéressants, de Lincoln Park à la maison d'Obama. (p. 148)

Urban Kayaks Location de kayaks et circuits à thème (par exemple, feux d'artifice) pour découvrir le centre-ville depuis le Riverwalk. (p. 35)

MIKE MCGINNIS/GETTY IMAGES ©

À savoir

- Les billets pour les matchs de base-ball des White Sox (www.whitesox.com) sont généralement moins chers et plus faciles à se procurer que ceux des Cubs. Les Sox jouent à l'US Cellular Field, à 6,5 km au sud du centre-ville (métro El ; ligne rouge, jusqu'à Sox-35th).
- Les billets des matchs de toutes les équipes s'achètent sur leur site Internet, ou aux guichets du stade.

Envie de...
Vie nocturne

Les habitants de Chicago adorent se détendre dans les bars. La faute au long hiver qui les oblige à rester bien au chaud. Ou la faute à l'été qui les pousse à profiter du beau temps en terrasse et dans les *beer gardens*... Quelle qu'en soit la raison, ces moments de convivialité sont chers au cœur de tous, et généreusement partagés.

Clubs

Les clubs se concentrent dans trois secteurs : River North/West Loop, où les établissements sont spacieux et chics (tenue correcte exigée) ; Wicker Park/Ukie Village, où l'ambiance est décontractée ; et Wrigleyville/Boystown, avec des clubs à mi-chemin entre les deux.

Bars typiques de Chicago

Quelques indices pour les dénicher : une enseigne de bière "Old Style" à l'extérieur ; un jeu de fléchettes et/ou une table de billard à l'intérieur ; des clients coiffés de casquettes des Cubs, des White Sox ou des Blackhawks ; et des matchs à la TV.

Clientèle variée

Old Town Ale House Branchés et habitués grisonnants boivent leur verre à l'ombre de tableaux grivois. (p. 75)

Revolution Brewing Microbrasserie de style industriel servant de bonnes bières. (p. 99)

Bière

Delilah's Bar punk animé servant quantité de bières (et de whiskies). (p. 75)

Map Room Taverne proposant 200 bières du monde entier. (p. 95)

Cocktails

Violet Hour Cocktails primés, à siroter dans un bar discret. (p. 94)

Matchbox Établissement minuscule servant des *gimlets* (gin et jus de citron vert). (p. 95)

FRANZ MARC FREI/GETTY IMAGES ©

☑ À savoir

- L'hebdo alternatif *Chicago Reader* (www.chicagoreader.com) publie la liste complète des clubs.

Vue panoramique

Signature Lounge Montez au 96e étage du Hancock Center et admirez... (p. 64)

J Parker Le lac et la ligne des toits offrent un spectacle magnifique du haut de ce toit-terrasse de Lincoln Park. (p. 75)

Clubs

Smart Bar Adresse intimiste qui programme des DJ pointus. (p. 84)

Berlin Beaucoup d'espace pour danser à son aise. (p. 84)

Envie de... Circuits organisés

Chicago Architecture Foundation (CAF ; ✆312-922-3432 ; www.architecture.org ; 224 S Michigan Ave ; circuits 15-50 $; Ⓜ Lignes marron, orange, verte, violette ou rose, arrêt Adams). Les circuits en bateau (40 $) standards partent du quai de Michigan Ave. Très prisés, les circuits à pied "Evolution of the Skyscraper" (20 $) partent du bureau de Michigan Ave en centre-ville. Achetez les billets en ligne ou à la CAF.

Chicago by Foot (www.freetoursbyfoot.com/chicago). Les guides de ce circuit à pied (rémunération à la discrétion des participants) racontent des anecdotes historiques. Parmi les circuits : le Loop, la Gold Coast, le Lincoln Park des gangsters, et bien d'autres lieux et thèmes. Les participants paient 10 $ en général par personne.

Chicago Detours (✆312-350-1131 ; www.chicagodetours.com ; circuits à partir de 26 $). Circuits captivants et très détaillés (à pied pour l'essentiel, certains en bus également) sur l'architecture, l'histoire et la culture de Chicago. L'Historic Pub Crawl Tour est très apprécié.

InstaGreeter (www.chicagogreeter.com/instagreeter ; 77 E Randolph St ; entrée libre ; ⏲10h-15h ven-sam, 11h-14h dim ; Ⓜ Lignes marron, orange, verte, violette ou rose, arrêt Randolph). Circuits en bus d'une heure dans le Loop, au départ du centre d'accueil des visiteurs du Chicago Cultural Center. En été, les visites gratuites du Millennium Park partent également de cet endroit chaque jour à 11h30 et 13h.

Chicago History Museum (✆312-642-4600 ; www.chicagohistory.org ; circuits 20-55 $; voir photo ci-dessus). Le musée, qui propose un excellent choix de visites, fait notamment découvrir le métro ("El"), des itinéraires cyclables et des balades dans les cimetières. Lieux de départ et horaires variables.

STEVE GEER/GETTY IMAGES ©

☑ À savoir

- Nombre de tour-opérateurs proposent des réductions sur les réservations en ligne.
- La plupart des circuits se déroulant en plein air ne sont organisés que d'avril à novembre.

Chicago Food Planet Tours (✆312-818-2170; www.chicagofoodplanet.com; circuits 3 heures 45-55 $). En route pour une excursion guidée dans Wicker Park, sur la Gold Coast ou à Chinatown, pour découvrir 5 restaurants de quartier, voire plus. Les lieux de départ et les horaires sont variables.

Carnet pratique

Voyages et changements climatiques

Tous les moyens de transport fonctionnant à l'énergie fossile génèrent du CO_2 – la principale cause du changement climatique induit par l'homme. L'industrie du voyage est aujourd'hui dépendante des avions. Si ceux-ci ne consomment pas nécessairement plus de carburant par kilomètre et par personne que la plupart des voitures, ils parcourent en revanche des distances bien plus grandes et relâchent quantité de particules et de gaz à effet de serre dans les couches supérieures de l'atmosphère. De nombreux sites Internet utilisent des "compteurs de carbone" permettant aux voyageurs de compenser le niveau des gaz à effet de serre dont ils sont responsables par une contribution financière à des projets respectueux de l'environnement. Lonely Planet "compense" les émissions de tout son personnel et de ses auteurs.

4h et 23h30 (départ tous les quarts d'heure). Il faut compter 1 heure, voire plus, en fonction de la circulation et du rang de votre hôtel dans l'ordre de passage.

➡ **Taxi** La course jusqu'au centre dure une demi-heure et coûte dans les 50 $. Les files d'attente peuvent être longues, et la course elle-même peut mettre plus de temps que le trajet en métro, en fonction de la densité du trafic.

Depuis l'aéroport Chicago Midway

➡ **Chicago Transit Authority** (CTA ; www.transitchicago.com). L'aéroport possède sa propre station de métro ("El train") sur la ligne orange. Les rames circulent entre 4h et 1h. Le trajet coûte 3 $. Départ toutes les 10 minutes environ. Comptez 30 minutes jusqu'au centre-ville.

➡ **Airport Express** (☎888-284-3826 ; www.airportexpress.com). La navette (service porte-à-porte) se rend en centre-ville moyennant 27 $. Les navettes circulent entre 4h et 22h30. Comptez environ 50 minutes de trajet.

➡ **Taxi** La course jusqu'au centre dure 20 minutes, voire plus (en fonction de la circulation), et coûte 35 à 40 $. Les taxis stationnent devant l'entrée principale.

Depuis la gare Union Station

➡ **Chicago Transit Authority** (CTA ; www.transitchicago.com). Si vous arrivez d'une autre ville américaine ou canadienne en train, vous aurez des correspondances avec les transports en commun de Chicago. L'arrêt Clinton de la ligne bleue se trouve à quelques pâtés de maisons au sud de la gare ferroviaire. La station des lignes marron orange, violette et rose à Quincy est à environ 800 m à l'est.

➡ **Taxi** Plusieurs taxis attendent dans Canal St, devant l'entrée de la gare.

Depuis la France

Air France, American Airlines ou British Airways proposent des vols directs Paris-Chicago (durée du vol entre 8 heures 20 et 9 heures 30), mais les vols avec escale sont souvent moins chers. Comptez un minimum de 390 € aller-retour en basse saison et 800 € environ en haute saison.

Les prestataires ci-dessous sont susceptibles de proposer des vols secs intéressants.

- **Air France** (☎ 36 72 ; www.airfrance.fr)
- **American Airlines** (☎ 0 821 980 999 ; www.aa.com)
- **British Airways** (☎ 0 825 825 400, 0,18 €/min ; www.britishairways.com)
- **Bourse des voyages** (☎ 0 899 650 649, 1,35 € par appel puis 0,35 €/min ; www.bourse-des-voyages.fr)
- **Nouvelles Frontières** (☎ 0 825 000 747, 0,15 €/min ; www.nouvelles-frontieres.fr)
- **Thomas Cook** (☎ 0 826 826 777, 0,35 €/min ; ; www.thomascook.fr)

Depuis la Belgique

Des vols directs sont proposés par Lufthansa et United Airlines (durée 8 heures 15 et 9 heures). Différentes compagnies aériennes, telles Scandinavian Airlines, Turkish Air et Air France, assurent des vols avec escale. En basse saison, vous paierez au moins 500 € et environ 900 € en haute saison. La compagnie nationale SN Brussels Airlines ne propose pas de vols à destination de Chicago.

Voici des adresses utiles :

- **British Airways** (☎ 02 717 3217 ; www.britishairways.com)
- **Airstop** (☎ 070 233 188 ; www.airstop.be)
- **Connections** (☎ 070 23 33 13 ; www.connections.be)
- **Gigatours Voyages Éole** (☎ 02 672 35 03 ; www.voyageseole.be)

Depuis la Suisse

Seule la compagnie aérienne Swiss relie Zurich à Chicago en vol direct (durée entre 8 heures 40 et 9 heures 50). Souvent en partage de code avec United Airlines, Swiss assure plusieurs vols par semaine Genève-Chicago (1 escale). Comptez au moins 550 FS en basse saison et 850 FS en haute saison. Parmi les autres compagnies aériennes, citons Scandinavian Airlines (SAS).

Quelques transporteurs et agences utiles :

Agences en ligne

Vous pouvez réserver votre vol via une agence en ligne ou vous renseigner auprès d'un comparateur de vols :

- www.bourse-des-vols.com
- www.ebookers.fr
- www.expedia.fr
- www.govoyages.com
- www.illicotravel.com
- www.kayak.fr
- www.opodo.fr
- www.skyscanner.fr
- http://voyages.kelkoo.fr
- www.voyages-sncf.com

- **Swiss** (0 848 700 700 ; www.swiss.com)
- **Scandinavian Airlines** (SAS ; 0 848 117 100 ; www.flysas.com)
- **United Airlines** (www.united.com)
- **Jerrycan Voyages** (022 346 92 82 ; www.jerrycan-travel.ch)
- **STA Travel** (058 450 49 49 ; www.statravel.ch)

Depuis le Canada

Depuis Montréal, Air Canada, United Airlines ou American Airlines rallient Chicago en vol direct (environ 2 heures 30). Parmi les autres compagnies, citons Porter Airlines (avec escale à Toronto). Comptez à partir de 350 $C en basse saison.

Quelques adresses utiles :

- **Air Canada** (1 888 247 2262 ; www.aircanada.com)
- **American Airlines** (1 800 433 7300 ; www.aa.com)
- **Porter Airlines** (1 888 619 8622 ; www.flyporter.com)
- **United Airlines** (www.united.com)
- **Expedia** (1 866 904 8766 ; www.expedia.ca)
- **Flight Hub** (1 800 900 1431 ; www.flighthub.com)
- **Travel CUTS** (1 800 667 2887 ; www.travelcuts.com)

Comment circuler

Bus

☑ **Idéal pour...** Le Museum Campus du South Loop et le zoo de Lincoln Park.

- Les bus municipaux circulent tôt le matin et jusque tard le soir.
- Le billet coûte 2,25 $ (avec une correspondance).
- Possibilité d'utiliser une Ventra Card ou de payer le billet au chauffeur en faisant l'appoint.

Métro (El ; Elevated/ Subway Train)

☑ **Idéal pour...** la plupart des sites d'intérêt et des quartiers.

- Le "El" (abréviation de "elevated" qui signifie "aérien", bien que de nombreuses rames circulent également sous terre) est rapide et régulier.
- Deux des 8 lignes dotées d'un code couleur – la ligne rouge et la ligne bleue, direction aéroport O'Hare – fonctionnent 24h/24. Les autres lignes fonctionnent de 4h à 1h tous les jours.
- Le prix standard du trajet est de 3 $ (sauf depuis O'Hare, d'où il en coûte 5 $) et inclut 2 correspondances.
- Franchissez le tourniquet en utilisant un Ventra Ticket, en vente dans les distributeurs des stations.
- On peut aussi acheter une Ventra Card, ou pass rechargeable, dans les stations. Frais initiaux

Calcul d'itinéraires

Le site Internet de la **Chicago Transit Authority** (www.transitchicago.com) affiche les horaires du "El" (métro) et des bus, et propose une fonction de calcul des itinéraires (calquée pour l'essentiel sur Google).

de 5 $ remboursables lorsqu'on enregistre la carte. Chaque trajet coûte ensuite de 50 à 75 cents.

Taxi et covoiturage

☑ **Idéal pour...** rejoindre le West Loop ou Pilsen depuis le centre-ville, surtout le soir.

- Les taxis sont nombreux dans le Loop, au nord à Andersonville et au nord-ouest à Wicker Park/Bucktown.
- Ils sont équipés de compteurs. La prise en charge coûte 3,25 $; ensuite, comptez 1,80 $ par mile (1,6 km) et 1 $ par passager supplémentaire.
- Pour appeler un taxi, adressez-vous à **Yellow Cab** (☎312-829-4222 ; www.yellowcabchicago.com).
- La société de covoiturage entre particuliers Uber est très populaire à Chicago.

Vélo

☑ **Idéal pour...** explorer le Lincoln Park et le Lakefront Trail.

- **Divvy** (www.divvybikes.com) est équipé de 3 000 vélos bleu ciel répartis dans 400 bornes dans toute la ville.
- Les bornes délivrent des pass valables 24 heures (10 $). Insérez votre carte de crédit, obtenez le code d'un vélo, puis déverrouillez-le.
- Les 30 premières minutes sont gratuites ; au-delà, si l'on ne rend pas le vélo à une borne, le prix augmente très vite.
- Les locations de vélo pour des trajets plus longs (avec casque et cadenas) coûtent un minimum de 18 $ les 2 heures. Essayez **Bike Chicago** (☎312-729-1000 ; www.bikechicago.com ; 239 E Randolph St ; 1 heure/4 heures à partir de 9/30 $; ⏲6h30-22h lun-ven, à partir de 8h sam-dim juin-août, horaires restreints le reste de l'année ; Ⓜ Lignes marron, orange, verte, violette ou rose, arrêt Randolph), ou bien **Bobby's Bike Hike** (p. 48).

Voiture et moto

☑ **Idéal pour...** les quartiers périphériques.

- La circulation est souvent très dense, les places de stationnement dans la rue sont rares.
- Dans les parkings en ville, comptez environ 38 $ par jour.
- Dans la rue, le stationnement payant avec horodateur coûte de 2 $ l'heure (dans les quartiers périphériques) à 6,50 $ l'heure (dans le Loop).
- Dans certaines rues (mais pas toutes) où le stationnement est gratuit, il faut une carte de résident. Lisez soigneusement les panneaux.

Économiser sur les transports

- Si vous comptez vous déplacer souvent en métro, vous avez tout intérêt à acheter une Ventra Card rechargeable, en vente dans les stations. Il est possible de recharger le crédit autant que nécessaire. Sans Ventra Card, un supplément s'applique à chaque trajet pour l'utilisation d'un ticket jetable.
- Il existe également des pass avec trajets illimités (pass 1/3 jours 10/20 $) ; on les achète dans les stations de train/métro.

Infos pratiques

Ambassades et consulats

➡ Vous pouvez consulter la liste complète des représentations diplomatiques des États-Unis à l'étranger sur le site de **USEmbassy.gov** (www.usembassy.state.gov).

➡ Plusieurs pays, dont la **France** (www.consulfrance-chicago.org), la **Suisse** (www.eda.admin.ch) et le **Canada** (www.can-am.gc.ca/chicago), possèdent un consulat à Chicago.

Argent

☑ **À savoir** Les pourboires ne sont pas facultatifs ; il faut que le service soit vraiment mauvais pour se permettre de faire l'impasse.

La monnaie est le dollar US ($).

Cartes bancaires

Les cartes Visa, MasterCard et American Express sont acceptées dans la plupart des hôtels, des restaurants, des bars et des commerces.

Change

Si l'on trouve des bureaux de change dans les aéroports, le taux de change est souvent plus avantageux dans les banques en ville. Voir p. 16 pour les taux de change.

DAB

➡ Les agences bancaires avec distributeurs automatiques de billets sont très répandues. Il y a également des DAB dans les aéroports et les supérettes.

➡ La plupart des DAB font partie des réseaux bancaires internationaux (Plus, Cirrus, Exchange, etc.).

➡ Comptez généralement une commission de 3 $, ou plus, par transaction. Renseignez-vous auprès de votre banque avant de partir.

Pourboires

Bagagistes d'aéroport et d'hôtel 2 $ par bagage, minimum de 5 $ par chariot.

Barmen 15% par tournée, minimum de 1 $ par consommation.

Femmes de chambre 2 $ à 5 $ par nuit.

Serveurs au restaurant 15 à 20% de l'addition, sauf si le service est inclus.

Chauffeurs de taxi 10 à 15%, arrondis au dollar supérieur.

Voituriers Au moins 2 $ à la remise des clés.

Cartes de réduction

➡ La **Go Chicago Card** (www.smartdestinations.com/chicago) permet l'accès illimité à plusieurs sites moyennant une somme forfaitaire. Elle est valable pour 1, 2, 3 ou 5 jours consécutifs.

➡ La société propose aussi un "Explorer Pass" valable pour 3 ou 5 sites à choisir parmi 26. Ce pass est valable 30 jours.

➡ Le **CityPass** (www.citypass.com/chicago) donne accès aux 5 curiosités touristiques majeures de la ville, dont l'Art Institute, le Shedd Aquarium et la Willis Tower, sur une période de 9 jours. Ce pass confère moins de flexibilité que celui de Go Chicago, mais il est plus économique si l'on souhaite visiter la ville à son propre rythme.

Tous ces pass permettent d'éviter les files d'attente.

Électricité

120 V/60 Hz

120 V/60 Hz

Formalités et visas

☑ **À savoir** Les Français pourront consulter les pages consacrées à la préparation du voyage sur l'excellent site de l'Office du tourisme américain (www.office-tourisme-usa.com).

➡ Le programme d'**exemption de visa** (**VWP** ; Visa Waiver Program) permet aux ressortissants de 36 pays (dont la France et la plupart des pays européens) d'entrer aux États-Unis sans visa pour un séjour inférieur à 90 jours. Vérifiez sur le site du **Département américain de l'État** (www.travel.state.gov), en anglais, les derniers règlements en vigueur concernant l'entrée sur le territoire.

➡ Les visiteurs pouvant prétendre au VWP doivent posséder un passeport sécurisé à lecture optique et faire une demande en ligne d'**autorisation électronique de voyage** (**ESTA** ; Electronic System For Travel Authorization ; www.esta-formulaire.us) au moins 3 jours avant leur arrivée aux États-Unis. Les frais de traitement reviennent à 14 $ (payables en ligne). Une fois accordée, l'autorisation est valable 2 ans.

➡ Les voyageurs qui ont besoin d'un visa (toute personne souhaitant séjourner plus de 90 jours, et les ressortissants des pays non éligibles au VWP) en feront la demande au consulat américain de leur pays d'origine.

➡ Les Canadiens n'ont aucune formalité spécifique à effectuer ; ils doivent juste se munir d'un passeport valide pour séjourner jusqu'à 6 mois aux États-Unis.

Handicapés

➡ La plupart des musées et des grands sites touristiques sont accessibles aux personnes à mobilité réduite, tout comme la majorité des grands hôtels et restaurants.

➡ Les bus municipaux sont accessibles également, ce qui n'est pas le cas d'environ un tiers des stations de métro.

➡ **Easy Access Chicago** (www.easyaccesschicago.org). Source d'informations gratuite qui répertorie les musées, les circuits organisés, les restaurants

Pas d'impair !

- Apportez des chaussures confortables, car vous marcherez sûrement beaucoup, surtout dans le Millennium Park et sur le Museum Campus.
- Il est interdit de fumer dans les restaurants et les bars de Chicago.
- Emportez des vêtements chauds, car il peut faire froid même en été.
- Ne vous souciez pas trop d'élégance vestimentaire. Une tenue décontractée au restaurant ou au théâtre est parfaitement acceptée.

et les hébergements, et renseigne sur l'accessibilité de chacun (pour les handicapés moteurs, les mals voyants et les malentendants).

Heures d'ouverture

Les heures d'ouverture couramment pratiquées sont les suivantes :

Bars 17h-2h (3h le samedi).

Clubs 21h-1h ou 2h en semaine, 3h le week-end.

Administrations 9h-17h du lundi au vendredi.

Restaurants Petit-déjeuner 7h ou 8h à 11h, déjeuner 11h ou 11h30 à 14h30, dîner 17h ou 18h à 22h du dimanche au jeudi, jusqu'à 23h ou minuit vendredi et samedi.

Commerces 11h à 19h du lundi au samedi, 12h à 18h dimanche.

Jours fériés

Les banques, les écoles, les administrations et la plupart des commerces sont fermés lors des jours fériés suivants :

Nouvel An 1er janvier

Anniversaire de Martin Luther King (Martin Luther King Jr Day) 3e lundi de janvier

Jour du Président (President's Day) 3e lundi de février

Pulaski Day 1er lundi de mars (respecté surtout par les administrations municipales)

Memorial Day Dernier lundi de mai

Fête nationale (Independence Day) 4 juillet

Fête du Travail (Labor Day) 1er lundi de septembre

Jour de Christophe Colomb (Columbus Day) 2e lundi d'octobre

Jour des Vétérans (Veteran's Day) 11 novembre

Thanksgiving 4e jeudi de novembre

Noël 25 décembre

Office du tourisme

Chicago Cultural Center Visitor Center (plan p. 32, E2 ; www.choosechicago.com ; 77 E Randolph St ; 10h-17h lun-sam, 11h-16h dim ; ; M Lignes marron, orange, verte, violette ou rose, arrêt Randolph). Informations restreintes mais il y a du personnel au comptoir, et les cartes de réduction pour les sites touristiques sont vendues sur place. Les visites guidées

nstaGreeter (du vendredi
u dimanche toute
année) et du Millennium
'ark (tous les jours
n été) partent d'ici
galement.

'éléphone

**Indicatif
es États-Unis** ☎1

Indicatifs de Chicago
☎312, 773

**Pour appeler à
hicago** Composez
code d'accès
nternational en vigueur
ans votre pays (☎00 en
rance, en Belgique et en
uisse, ☎011 au Canada)
le code pays ☎1
l'indicatif régional
(☎312 ou 773)
+ le numéro du
correspondant.

Pour téléphoner à l'étranger Composez le ☎011 + l'indicatif du pays (☎33 pour la France, ☎32 pour la Belgique, ☎41 pour la Suisse et ☎1 pour le Canada) + l'indicatif régional + le numéro du correspondant (sans l'éventuel 0 initial).

Pour appeler d'autres régions des États-Unis ou le Canada Composez le ☎1 + l'indicatif régional + le numéro du correspondant à 7 chiffres.

Pour téléphoner dans Chicago Composez le ☎1 + l'indicatif du quartier + le numéro du correspondant à 7 chiffres.

Téléphones portables La plupart des téléphones portables américains – sauf les iPhones – fonctionnent selon le système CDMA, et non avec le réseau standard européen GSM. Vérifiez la compatibilité de votre appareil auprès de votre opérateur.

Urgences

**Police, pompiers
et ambulances** ☎911

Langue

En raison de leur histoire – les colonisations et les vagues d'immigration successives – et de la diversité de leurs populations, les Américains pratiquent fréquemment plusieurs langues. Si la langue anglaise est parlée dans tout le pays, elle n'a pas été désignée comme langue officielle des États-Unis.

Expressions courantes

Bonjour/salut.
Hello/Hi. hè·lo/haï

Au revoir.
Goodbye. goud·*baï*

Excuse(z)-moi.
Excuse me. ek·*skyouz* mi

Désolé(e).
Sorry. so·ri

S'il vous (te) plaît.
Please. pliiz

Merci.
Thank you. *Sank* you

Oui./Non.
Yes./No. yès/neo

Parlez-vous français ?
Do you speak french? dou you spik frènn·ch

Je ne comprends pas.
I don't understand. aï *dont* eunn·deur·*stand*

Comment allez-vous/vas-tu ?
How are you? *hao* âr you

Bien. Et vous/toi ?
Fine. And you? faïnn annd *you*

Au restaurant

Je suis végétarien(ne).
I'm vegetarian. aïm vèdjè·*teu*·rieunn

Santé !
Cheers! tc*hiirz*

C'était délicieux !
That was delicious! zat woz dè·*li*·cheus

L'addition s'il vous plaît.
The bill, please. zeu bil pliiz

Je voudrais ..., s'il vous plaît.
I'd like ..., please. aïd *laïk* ...pliiz

une table pour (deux)	*a table for (two)*	eu *téï*·beul for (tou)
ce plat	*that dish*	zat *dich*
la carte des vins	*the wine list*	zeu *waïnn* liste

Shopping

Je cherche...
I'm looking for ... aïm *lou*·kiinng for ...

Combien est-ce que ça coûte ?
How much is it? *hao* meutch iz it

C'est trop cher.
That's too expensive. zats *tou* èx·*pènn*·siv

Pouvez-vous baisser le prix ?
Can you lower the price? kann you lao·wèr zeu *praïs*

rgences

u secours !
elp! — hèlp

ppelez un médecin !
all a doctor! — kôl eu *dok*·teur

ppelez la police !
all the police! — kôl zeu po·*liis*

e suis perdu(e).
m lost. — aïm lost

e suis malade.
m sick. — aïm sik

ù sont les toilettes ?
here's he bathroom? — wèrz zeu *bass*·roum

eure et chiffres

uelle heure est-il ?
hat time is it? — wat *taïm* iz it

est (1/13) heure(s).
's (one am/pm) 'clock. — its (wann èï·èm/pi·èm) ok·*lok*

atin	*morning*	*mor*·ninng
près-midi	*afternoon*	af·teur·*noun*
oir	*evening*	*iv*·ninng
ier	*yesterday*	*yès*·teu·dèï
ujourd'hui	*today*	tou·*dèï*
emain	*tomorrow*	tou·*mo*·ro

	one	wann
	two	tou
	three	srii
	four	fôr
	five	faïv
	six	six
7	*seven*	*sè*·veunn
8	*eight*	eït
9	*nine*	naïnn
10	*ten*	tèn

Transports et orientation

Où est ...?
Where's ...? — wèrz ...

Quelle est l'adresse ?
What's the adress? — wats zi a·*drès*

Pouvez-vous me montrer (sur la carte) ?
Can you show me (on the map)? — kann you *chô* mi (onn zeu *map*)

Un billet pour ..., s'il vous plaît.
One ticket for ... please. — wann *ti*·kèt for ... pliiz

À quelle heure part le bus/le train ?
What time does the bus/train leave? — wat *taïm* daz zeu beus/tréïn liiv

Je voudrais un taxi.
I'd like a taxi. — aïd laïk eu *tak*·si

Ce taxi est-il libre ?
Is this taxi free? — iz zis *tak*·si frii

Arrêtez-vous ici, s'il vous plaît.
Please stop here. — pliiz stop hiir

Hébergement

Où puis-je trouver un hôtel ?
Where's a hotel? — wèrz eu ho·*tèl*

Je voudrais réserver une chambre.
I'd like to book a room. — aïd laïk tou bouk eu *roum*

J'ai une réservation.
I have a reservation. — aï hav eu rè·zèr·*véï*·cheunn

En coulisses

Vos réactions ?

Vos commentaires nous sont très précieux pour améliorer nos guides. Notre équipe lit vos lettres avec la plus grande attention et prend en compte vos remarques pour les prochaines mises à jour. Pour nous faire part de vos réactions, prendre connaissance de notre catalogue et vous abonner à notre newsletter, consultez notre site Internet : **www.lonelyplanet.fr**

Nous reprenons parfois des extraits de notre courrier pour les publier dans nos guides ou sites web. Si vous ne souhaitez pas que vos commentaires soient repris ou que votre nom apparaisse, merci de nous le préciser. Notre politique en matière de confidentialité est disponible sur notre site Internet.

Un mot de l'auteur

Mille mercis à Alex Leviton, Kari Lydersen, Betsy Riley et Neil Anderson, Chris et Kevin Kohl, et à tous les amis qui ont pris le temps de partager leurs bonnes adresses. Je remercie particulièrement Eric Markowitz, le meilleur compagnon pour la vie, qui se prête à mes razzias sur la bière et les *doughnuts* avec une humeur toujours égale.

Crédits photographiques

Photographie de couverture : Pritzker Pavilion, Millennium Park ; Richard T. Nowitz/Corbis.

À propos de cet ouvrage

Cette 1re édition française de *Chicago en quelques jours* est la traduction de la 2e édition du guide *Pocket Chicago* en anglais, mise à jour par Karla Zimmerman. L'édition précédente a été rédigée par Nate Cavalieri.

Traduction Nathalie Berthet et Linda Mesnel

Direction éditoriale Didier Férat

Adaptation française Carole Haché

Responsable prépresse Jean-Noël Doan

Maquette Laurence Tixier

Cartographie Cartes originales de David Kemp, adaptées en français par Nicolas Chauveau

Couverture Adaptée en français par Sébastienne Ocampo

Remerciements à Bernard Guérin pour sa relecture attentive. Mes remerciements également à toute l'équipe du bureau de Paris, et notamment à Dominique Spaety pour son soutien. Merci aussi à Clare Mercer, Joe Revill et Luan Angel du bureau londonien et à Darren O' Connell, Chris Love, Sasha Baskett, Angela Tinson, Jacqui Saunders, Ruth Cosgrave et Glenn van der Knijff du bureau australien.

ndex

Voir aussi les index :

Se restaurer p. 161
Prendre un verre p. 161
Sortir p. 162
Shopping. 162

Références des **sites**
Références des **cartes**

Sortir

Shopping

L'auteur

Karla Zimmerman

Karla se régale de *deep-dish pizzas* (celles de Giordano's sont ses préférées) et trinque à l'hypothétique victoire des Cubs depuis plus de 25 ans. En bonne habitante de Chicago, elle adore sa ville natale et peut s'extasier des heures durant sur son architecture démesurée, ses quartiers cosmopolites et le charme de ses petits bars. En hiver cependant, il lui arrive d'employer un langage un peu plus leste, surtout lorsqu'elle vient de pelleter une montagne de neige ! Karla est intarissable lorsqu'elle parle de voyages : livres, magazines et sites Internet. Elle a contribué à plusieurs guides Lonely Planet sur les États-Unis, le Canada, les Caraïbes et l'Europe. Suivez-la sur Instagram et Twitter à @karlazimmerman.

Chicago en quelques jours
1re édition
Traduit et adapté de l'ouvrage *Pocket Chicago, 2nd edition, February 2016*

Dépôt légal Mai 2016
ISBN 978-2-81615-431-3
Imprimé par L.E.G.O. Spa (Legatoria Editoriale Giovanni Olivotto), Italie

En Voyage Éditions | un département place des éditeurs